Vins de la Vallée du Rhône

TOURISME & ART DE VIVRE

Sylvie Reboul

Éditions Féret

« Le vin, c'est la lumière du soleil captive dans l'eau. »
Galilée

CHAPITRE I

Du vin antique à l'appellation d'origine

Dès l'Antiquité,

la vigne et le vin

sont présents en

Vallée du Rhône.

Pont romain à Saint-Just-d'Ardèche.

Les premiers plants de vigne en Vallée du Rhône sont probablement apportés par des colons grecs, 600 ans avant Jésus-Christ. Mais ces habiles marchands n'implantent pas de vignoble afin de maintenir le fructueux commerce qu'ils entretiennent avec les Gaulois.

Lorsque les Romains débarquent, à la demande de ces mêmes marchands pour sécuriser le pays, ils vont transformer la région. Car la conquête romaine, en plus de tracer des routes, de créer des villes, des travaux d'art ou d'immenses domaines, introduit la culture de la vigne et du vin en Vallée du Rhône.

On plante du blé dans les plaines, de la vigne et de l'olivier sur les terres moins fertiles et difficiles d'accès.

De souche paysanne, les légionnaires romains à qui l'on donne des parcelles en friches et des prisonniers de guerre, ne cèdent pas à la facilité. Ils plantent sur des coteaux très pentus, avec des cépages locaux qui résistent bien aux conditions climatiques. La proximité du Rhône leur assure un bon débouché commercial. On exporte ces denrées en Italie pour les échanger contre des produits fabriqués.

Plutôt que de soumettre les Gaulois, les Romains préfèrent les « civiliser » en les intégrant à leur société. Dans le nord de la Vallée du Rhône, les Allobroges se voient ainsi attribuer le privilège de planter et d'exploiter la vigne.

De là naît le vignoble de Vienne sur les deux rives du fleuve, au premier siècle avant Jésus-Christ. Pline l'Ancien rapporte, dans son *Histoire naturelle*, que les Allobroges font de la réputation de leur vin une affaire d'honneur national : « On vient de découvrir une vigne dont le vin a naturellement le parfum de la résine de pin (et celui de la violette, ajoute-t-il quelques lignes plus loin) et fait la gloire de la banlieue de Vienne ».

Ce *vinum picatum* est l'ancêtre des vins des Côtes du Rhône septentrionales car le vignoble ne s'étend pas seulement à la périphérie de la ville mais descend plus au sud, jusqu'à Valence.

La vigne, au même titre que l'olivier, progresse dans toute la Vallée du Rhône. Là encore, Pline loue la qualité des vins issus des coteaux qui bordent l'Ouvèze (Violès, Rasteau, Roaix, Vaison-la-Romaine, Séguret, Sablet, Beaumes-de-Venise, Gigondas…), sur le territoire des Voconces.

La culture de la vigne reprend au IXe siècle grâce à l'Eglise.

Contrée d'eau vive, la Vallée du Rhône est accueillante pour les premiers colons.

Ces progrès portent tort aux grandes régions de production italiennes comme la Campanie, près de Naples, qui exportent leur vin en Gaule et dans les pays barbares du Nord de l'Europe.

C'est pourquoi, soucieux de protéger la viticulture italienne mais aussi de lutter contre la surproduction, le redoutable empereur Domitien interdit au Ier siècle toute plantation nouvelle en Italie et ordonne, dans les provinces, d'arracher au moins la moitié des vignes.

Cette mesure est paradoxalement bénéfique au vignoble rhodanien car on arrache surtout en plaine, là où poussent les céréales, préservant ainsi les terroirs les plus qualitatifs.

L'empereur Probus, 200 ans plus tard, permet par contre à tout Gaulois de posséder des vignes et de récolter du vin. Il rend ainsi accessible à l'ensemble des cités une possibilité de profit que les empereurs précédents réservaient à une partie seulement d'entre elles.

Malheureusement, il est trop tard. Dans les villes ruinées et dépeuplées par les grandes invasions des Francs, des Alamans ou des Vandales, la classe populaire n'est plus assez nombreuse pour assurer aux vins inférieurs un large débit.

Le déferlement des tribus barbares en Vallée du Rhône est fatal à la viticulture. Abandonnés par les légions

Vignes et oliviers dans le Gard rhodanien.

romaines en débandade, les Gaulois se réfugient dans leurs anciennes forteresses haut perchées, les *oppida*, délaissant les cultures.

Le silence qui suit dure presque un demi-millénaire, même si de modestes vignobles dispersés persistent, permettant à la tradition du vin de rester enracinée dans la mémoire collective des hommes.

Au IXe siècle, la culture de la vigne redémarre grâce à la renaissance religieuse et au développement des voies de communication.

Grand propriétaire foncier, l'Église doit en effet percevoir des revenus conséquents pour construire des églises, des abbayes et des cathédrales à la gloire de Dieu. La plupart du temps, elle exploite elle-même ses terres grâce aux ordres monastiques qui contribuent beaucoup à améliorer la qualité des vins. Les Chartreux, les moines soldats des Templiers, les Hospitaliers de Saint-Jean-de-Jérusalem sont largement présents en Vallée du Rhône.

Par ailleurs, les valeureux chevaliers sont récompensés de leur engagement au service du roi par des dons de terres. À eux de les mettre en valeur pour en tirer des revenus. L'agriculture, *a fortiori* la viticulture, profite largement de cette situation.

Au XIIIe siècle, le roi de France vend au pape Grégoire X le comtat Venaissin, un vaste territoire compris entre le Rhône, la Durance et le mont Ventoux qu'il vient d'arracher aux comtes de Toulouse dans sa croisades contre les Albigeois.

En 1309, l'arrivée du pape Clément V en Avignon marque le début d'une période de prospérité pour la ville et le comtat Venaissin. Les Italiens investissent ces terres riches, construisent de belles demeures, plantent du blé et, bien sûr, de la vigne. En plus d'échanger ces denrées contre des biens manufacturés, ils ne se privent pas d'en profiter.

La comptabilité de la cour pontificale indique ainsi que les trois quarts des vins consommés proviennent des pays

Au Moyen Âge, on cultive le blé pour se nourrir.

du bas Rhône, tant du comtat lui-même que de lieux comme Pont-Saint-Esprit ou Beaucaire. Les papes eux-mêmes, comme le veulent alors les mœurs seigneuriales, créent ou rénovent des parcelles de vigne autour de leurs châteaux. Châteauneuf-du-Pape en est le plus bel exemple.

Même après le retour de la papauté à Rome, à la fin du XIVe siècle, les hauts dignitaires, parmi lesquels on compte des membres de l'aristocratie avignonnaise, continuent à apprécier les vins de la Vallée du Rhône en passant commande. En 1561, un marin de Martigues s'engage ainsi à porter à Rome « par navigage » 32 pièces de vin de Châteauneuf et de Laudun pour le sieur de Crillon.

En dehors du marché avignonnais, le vin du comtat est vendu à Aix-en-Provence et remonte en direction des Alpes du sud où on l'échange contre du blé. Le vignoble s'étend. Celui de Châteauneuf-de-Gadagne par exemple représente, en 1414, presque la moitié des surfaces plantées aujourd'hui.

À Carpentras, ville de 3500 habitants dans le premier quart du XVe siècle, on compte une provision d'environ 300 litres par personnes. Et la communauté juive, qui y a trouvé refuge, s'inscrit dans cette civilisation de la vigne et du vin.

En dehors du comtat Venaissin, la viticulture n'est pas florissante. Quand elle ne fait pas les frais des incessants conflits entre catholiques et protestants, elle pâtit d'une polyculture imposée par la nécessité de se nourrir. Le blé et la betterave sont ses plus sévères concurrents.

De plus, les paysans subissent les pillages des grandes compagnies de routiers durant la guerre de Cent ans. Disette, peste, impôts et conflits entre puissants ne favorisent pas l'essor du vignoble qui est uniquement destiné à la consommation locale. Dans les années 1560, autour de Roquemaure et de Chusclan, les vignes n'occupent que 20 % du territoire cultivé et ne valent pas plus cher que les terres labourables.

Quand, malgré tout, on arrive à implanter un vignoble de qualité, les vins sont bloqués ou lourdement taxés (voire pillés par les voleurs) dans les villes qu'ils doivent traverser pour rejoindre les grands centres de consommation. Malgré la voie de communication royale qu'est le Rhône, les vins rhodaniens s'exportent peu.

Ainsi, à la fin du XIVe siècle, personne ne les connaît à Paris même si l'écrivain et conseiller de Catherine de Médicis, Michel de l'Hospital vante, en 1559, ceux de Tournon.

Les crus de Cornas et Saint-Péray sont néanmoins appréciés à Lyon. En 1660, Boileau, dans *Le Repas Ridicule*, évoque les vins de l'Hermitage et le médecin et écrivain Guy Patin loue ceux de Condrieu.

Les témoignages du passé sont parfois gravés dans la pierre.

L'ouverture du canal du Midi en 1680, le grand gel des vignobles du Nord de la France en 1709 et l'abolition des privilèges des grands villes au XVIIIe siècle permettent, enfin, une ouverture sur Paris et l'étranger. En 1663, le vin de Tain l'Hermitage est bu à la cour des tsars de Russie. En 1666, il est offert par Louis XIV au roi d'Angleterre, Charles II, pour fêter la restauration de la monarchie.

Les livres de comptes de la Maison Faure, négociant à Saint-Péray, témoignent d'expéditions de Côte Rôtie, Condrieu, Saint-Joseph, Hermitage, Saint-Péray et Cornas vers les grands marchés du Nord de l'Europe. Parfois, les livraisons durent jusqu'à six mois quand les navires pris par la glace doivent attendre la fin de l'hiver !

Seuls les vins du Comtat Venaissin ne profitent pas de cette embellie. Après la période faste du XIVe siècle, la région est en effet peu à peu délaissée par les papes. Elle accumule un retard économique en comparaison du royaume de France, bien géré par des hommes comme Sully, premier ministre d'Henri IV ou, plus tard, Colbert, durant le règle de Louis XIV.

Bloqués par la frontière, les vins sont peu exportés.

Les habitants se tournent alors vers l'élevage du ver à la soie, la fabrication du papier et le commerce, tout en conservant des cultures vivrières et quelques raisins de cuve. Car la construction de nombreux canaux d'irrigation leur permet de cultiver des fruits, des légumes et des raisins de table. On exploite aussi la garance pour sa matière colorante rouge, l'alizarine, extrait de la racine.

Finalement, la région s'enrichit, mais pas grâce au vin.

C'est en fait sur la rive droite du Rhône que le vignoble rhodanien acquiert, au cours du XVIIIe siècle, ses lettres de noblesse.

Établie au XVe siècle sur les limites de l'ancien diocèse civil d'Uzès, cette région que l'on appelle la Côte du Rhône tire son nom de la proximité du fleuve. Car un fleuve aussi large est alors appelé « mer » et sa rive la « côte ». Sur ce vignoble où la vigne pousse sur des pentes bien exposées, à l'exclusion des plaines et de tout terrain pouvant recevoir des céréales, on applique dès 1615 des restrictions de plantation pour préserver la qualité. Chaque année, un ban des vendanges est fixé afin de ne pas récolter de raisins qui ne soient pas mûrs. En 1629, quand Louis XIII passe par Pont-Saint-Esprit, les édiles lui offrent des vins de la Côte du Rhône issus de Chusclan, Codolet et Laudun.

Couronnement de tous ces efforts, un arrêt du Conseil d'État, en 1737, prescrit l'apposition des trois lettres CDR, signifiant Côte du Rhône, et la mention du millésime sur le fond des tonneaux pour une dizaines de communes (Roquemaure, Tavel, Lirac, Saint-Laurent-des-Arbres, Saint-Genies-de-Comolas, Orsan, Chusclan, Codolet…). L'objectif étant, selon les termes de l'arrêt, de mettre un terme aux « abus qui peuvent se commet-

La vie de Pierre Le Roy de Boiseaumarie

Originaire de Normandie, Pierre Le Roy de Boiseaumarie habite le Languedoc lorsque survient le soulèvement des vignerons du Midi, en 1907. Étudiant en droit, il participe aux manifestations, allant jusqu'à mettre le feu à la porte du palais de Justice de Montpellier.

Pilote de chasse émérite durant la guerre de 14-18, il se marie, en 1919, avec Edmée Bernard Le Saint, dont la famille possède le Château Fortia à Châteauneuf-du-Pape.

Sollicité par les vignerons qui souffrent de la mévente du vin et des fraudes, il accepte de les défendre à condition qu'ils s'engagent à travailler honnêtement et à produire du vin de qualité. En 1923, il fonde le syndicat des vignerons et bataille, durant 10 ans, avec les tribunaux pour obtenir la reconnaissance de l'appellation Châteauneuf-du-Pape.

En 1929, il crée le syndicat général des vignerons des Côtes du Rhône et, en 1935, contribue à la création de l'Institut National des Appellations d'Origine. Il en deviendra le président en 1947 et le restera jusqu'à sa mort, en 1967, arbitrant durant plus de trente ans la consécration des appellations françaises.

En 1938, il organise la fête nationale des vins de France dans les Côtes du Rhône et reçoit le président de la République Albert Lebrun. En 1949, il est élu à la présidence de l'Office International de la Vigne et du Vin, parcourant le monde et martelant sa devise « Moins de vin mais meilleur ». Fatigué par ses multiples activités et le poids de ses responsabilités internationales, il démissionne de la présidence de l'OIV en 1963.

Leader charismatique, Pierre le Roy était aussi un amuseur capable de commenter, au pied-levé, un défilé de haute couture à Paris ou d'écrire un poème en alexandrins à l'intention de son… percepteur ! Il adorait la chasse et la Camargue où il retrouvait son ami Philippe Lamour, avocat et grand aménageur du Rhône. Il inaugura sa propre statue en 1955 à Sainte-Cécile-les-Vignes et fit, à cette occasion, un discours à destination de son buste emprunt d'humour, de philosophie et d'humanisme.

tre en faisant passer les vins des mauvais crus pour ceux de véritable bon cru de Roquemaure et des paroisses voisines ».

Embarqués sur le Rhône à Roquemaure et à l'Ardoise, ces vins sont expédiés dans les pays de la mer du Nord et en Angleterre.

Mais ils pâtissent de la mauvaise qualité des tonneaux et sont victimes de leur succès. Pour répondre à la demande, on produit de plus en plus, provoquant une baisse de la qualité. Mal défendue, utilisée de plus en plus loin de la zone originelle, la dénomination Côte du Rhône perd son prestige.

La Révolution française, par la vente des biens nationaux et l'aliénation des biens communaux, modifie profondément l'organisation foncière du territoire de la Vallée du Rhône.

Le comtat Venaissin est rattaché à la France et devient le département du Vaucluse.

À la fin du XVIIIe siècle et durant le XIXe siècle, la viticulture de la rive gauche du Rhône s'étend. Les vignerons y multiplient les tentatives pour utiliser le nom « Côtes du Rhône »... de leurs voisins gardois, mais en le mettant au pluriel ! Avec succès semble-t-il puisque l'agronome Jules Guyot, chargé par Napoléon III d'élaborer un rapport sur l'état et l'avenir de la vigne en France, y fait référence en 1864 pour décrire le vignoble allant de Saint-Gilles à Tournon, en passant par Beaucaire.

Malgré les attaques de pyrale, de vers de la grappe et, à partir de 1848, d'oïdium, la vigne devient une source de revenu majeure, surtout après le déclin du ver à soie pour cause de maladie et l'effondrement de la culture de la garance, remplacée par l'alizarine synthétique.

À partir des années 1860, le développement du chemin de fer stimule encore davantage la production de vin. Le vignoble est florissant et, malgré des exploitations de petite taille à l'équilibre financier parfois précaire, l'avenir des vignerons s'annonce prometteur.

Ces espoirs sont anéantis par un puceron venu des États-Unis : le phylloxera. Les premiers desséchements surviennent en 1863, à Pujaut, dans le Gard. Rapidement, le puceron s'étend sur la rive gauche du Rhône. Il ne sera identifié qu'en 1868 par Jules Émile Planchon. Avant que l'on ne découvre le remède en 1880 (le greffage de la partie aérienne de la vigne sur un porte-greffe américain dont les racines résistent aux piqûres de l'insecte) le vignoble de la Vallée du Rhône est presque détruit, du nord au sud. Car le phylloxera se propage vite dans la région : les sols argileux et le climat lui sont très favorables. Seuls les terrains très sableux ou régulièrement envahis par les eaux lui résistent. Dans le Bordelais, où il ne sévit qu'à partir de 1869, il se répand trois fois moins vite.

Le phylloxera a des conséquences dramatiques en Vallée du Rhône : la misère, l'exode... Les vignerons replantent en zone inondable, donc très fertile, des cépages productifs et médiocres. L'arrivée du mildiou en 1878, lui aussi venu des États-Unis mais autrement plus redoutable que l'oïdium, impose des traitements répétés à la bouillie bordelaise (un mélange à base de cuivre), pour ne pas perdre la récolte.

À Châteauneuf-du-Pape, on s'oriente vers la culture du blé, des abricotiers et surtout des cerisiers.

La reconstruction débute à la fin du XIXe siècle avec des pratiques bien différentes. Finie l'association vigne, blé et olivier ou arbres fruitiers, terminé le provignage qui

Le vignoble de Chusclan est très réputé au XVIIIe siècle.

permet de remplacer un cep mort par une repousse d'un cep voisin.

Moins rustiques et donc plus fragiles, les cépages greffés ont en effet besoin d'engrais, de pratiques culturales répétées, sans compter les traitements pour lutter contre les nombreuses maladies. Le paysan doit désormais consacrer de longs jours à son vignoble qui accapare la plus grande partie de son temps. À côté des petites propriétés qui, dans le Vaucluse, vivent de la polyculture, se développent de grands domaines viticoles, la plupart du temps grâce à des investisseurs disposant de moyens importants.

Les rendements progressent en même temps que le vignoble algérien commence à concurrencer sérieusement les vins français. Certaines pratiques douteuses enrichissent les producteurs les moins scrupuleux.

Bref, les prix baissent et le remède de la distillation, déjà utilisé avant 1870, n'est plus opérationnel sur le plan économique car les betteraviers proposent désormais un alcool nettement moins onéreux. C'est la crise de 1907, particulièrement vive sur la rive droite du Rhône.

Même si la consommation de vin reprend lors de la Grande Guerre – en 1916, la ration du soldat est fixée à un litre de vin par jour – cette crise a des conséquences importantes pour la viticulture rhodanienne. Tout d'abord, le regroupement des vignerons en caves coopérative s'accélère mais, contrairement au Languedoc, les caves ne sont pas enfantées dans la douleur. On se regroupe dans la crainte de difficultés… futures.

Le mouvement démarre dans le Gard (on compte six caves coopératives en 1924), s'étend dans le Vaucluse (une vingtaine de caves entre 1950 et 1966) et dans la Drôme (une dizaine durant les années soixante).

Ensuite, les fondements de l'appellation d'origine contrôlée trouvent leur origine dans cette crise. Dans les Côtes du Rhône, le baron Pierre Le Roy de Boiseaumarie

La Maison des vins est située au cœur d'Avignon

est l'un des personnages clés de cette évolution.

Châteauneuvois par son mariage, juriste de formation, il a participé aux manifestations de Montpellier et connaît bien les difficultés des vignerons. Il décide de les aider et fonde les syndicats de vignerons de Châteauneuf-du-Pape (1923) et des Côtes du Rhône (1929) dans le but de valoriser le terroir, les pratiques et leur savoir-faire à travers l'appellation d'origine contrôlée.

Le combat est difficile : il faut convaincre l'ensemble des vignerons, parfois dans un climat très hostile de la part des négociants, et avancer sur le terrain juridique. Car l'appellation d'origine nécessite une reconnaissance officielle que le baron Le Roy, en bon juriste, décide de recueillir auprès des tribunaux.

La création de l'Institut National des Appellations d'Origine (INAO), en 1935, met un terme à cette débauche de moyens juridiques en se positionnant comme l'institution compétente de référence.

En Vallée du Rhône, compte tenu de l'antériorité et de la notoriété du vignoble, les appellations sont promulguées rapidement : Châteauneuf-du-Pape, Tavel, Saint-Péray et Château Grillet en 1936, Côtes du Rhône, Hermitage et Crozes-Hermitage en 1937, Cornas en 1938, Côte Rôtie et Condrieu en 1940.

La seconde guerre mondiale à peine achevée naissent les appellations Vin Doux Naturel Rasteau en 1944 et le Muscat de Beaumes de Venise en 1945, Lirac en 1947, Saint-Joseph en 1956.

Cette même année, la destruction des oliveraies par le gel joue un rôle déterminant car la vigne conquiert les espaces forestiers. On plante les " cépages améliorateurs " exigés par l'INAO, tout en profitant des progrès de l'œnologie moderne.

Les Côtes du Rhône intègrent chaque année de nouvelles communes jusqu'au jour où les responsables du syndicat des vignerons jugent qu'il faut arrêter pour ne pas

Les galets roulés ont été déposés par le Rhône.

mettre en péril l'équilibre économique de l'appellation.

Les vignerons concernés par ces refus changent alors de tactique en fondant de nouvelles appellations : les Côtes du Ventoux et les Coteaux du Tricastin, promulgués en 1973, datent de cette époque.

Preuve que l'appellation n'est pas une entité figée, au début des années cinquante, certains villages des Côtes du Rhône obtiennent l'autorisation de mentionner leur nom sur l'étiquette.

Ils préfigurent ce qui deviendra plus tard, en 1966, l'appellation Côtes du Rhône Villages.

Gigondas obtient, en 1971, son accession en appellation locale (ou cru). Vingt ans plus tard, ce sera au tour de Vacqueyras.

Dans les années soixante, le succès des Côtes du Rhône est tel que l'appellation atteint des volumes de production inquiétants.

Et, mis à part quelques domaines viticoles anciens, les vignerons ne s'intéressent pas à la mise en bouteilles à la propriété. Ils vendent en vrac leur vin qui est consommé sur les zincs parisiens. C'est l'époque de la « p'tite côte » populaire servie au comptoir.

Il aurait été dangereux de continuer dans cette voie. Heureusement que des hommes – vignerons et négociants – ont su prendre les devants en expliquant aux vignerons qu'ils faisaient fausse route. De cette époque datent l'organisation professionnelle particulièrement efficace des Côtes du Rhône, les premières campagnes de publicité et la prise de conscience qu'il fallait maîtriser la commercialisation en France et exporter davantage. Les progrès techniques dans les caves sont spectaculaires et les installations modernes se multiplient alors, plaçant la Vallée du Rhône parmi les régions viticoles les mieux équipées de France.

Confrontés aujourd'hui à la concurrence des vins australiens ou chiliens, les Côtes du Rhône continuent à aller de l'avant, tout en conservant cet esprit d'appellation originel qui les anime depuis toujours.

Mesures, salaires et impôts de l'ancien temps

En Vallée du Rhône, avant la Révolution, on utilise de nombreuses unités de mesure. Ainsi, on parle de « journée » (ou journal) pour indiquer la superficie que peut travailler un homme en une journée, soit environ 30 ares. La saumée, selon l'endroit où l'on se trouve, peut varier de 40 ares (Orange) à 80 ares (Pouzilhac), elle se divise en 8 éminées. On parle aussi de charge (64 ares) et de seterée (16 ares). Le volume du tonneau varie de 800 à 900 litres alors que la barrique en contient 200 à 225. C'est d'ailleurs l'une des principales doléances des paysans : harmoniser les unités de mesure d'un village et d'une province à l'autre. Les révolutionnaires se lancent alors dans la définition du mètre (dix millionième partie du quart de méridien terrestre) et la mise au point du système métrique qui, en plus de mesurer des distances, permet aussi de calculer des surfaces (mètre carré) et des volumes (mètre cube).

Côté salaire, en 1365, un vendangeur avignonnais gagne 4 sols par jour alors qu'une vendangeuse n'en touche que… 3 ! En 1946, le tarif est de 30 F de l'heure + 2 litres de vin par jour pour un homme mais seulement 25 F de l'heure et un litre de vin pour la femme.

Enfin, il est intéressant de savoir que la production et la vente de vin donnent lieu à la perception de nombreux droits.

Le souquet est une taxe perçue par un particulier qui acquiert ce droit moyennant finances alors que la dîme est la part des récoltes perçues par l'Église. Elle peut être fixée au vingtain, c'est-à-dire à vingt pour cent des produits récoltés.

Il existe aussi une gabelle sur le vin qui peut être arrentée, comme le souquet, à un particulier et la rêve, une autre taxe sur la vente de vin. La taille est un impôt perçu sur les propriétés situées en territoire communal, avec un montant variant selon les circonstances et la qualité de la personne imposée !

Le droit de taverne est l'obligation, pour les particuliers et les commerçants, d'acheter le vin à l'Évêché la veille de la Pentecôte et durant un mois. De même, un propriétaire peut bénéficier du banvin, c'est-à-dire du privilège de vendre en priorité sa production.

CHAPITRE 2

Un terroir multiple et varié

Dans cette région

à l'histoire géologique complexe,

la vigne a su trouver sa place.

L'homme a fait le reste.

La vigne épouse parfaitement les reliefs.

Vaste ruban qui s'élargit au fur et à mesure que l'on descend vers le sud, la Vallée du Rhône offre une infinité de paysages. De Vienne à Valence, la vigne a colonisé les pentes abruptes et le relief impressionnant de la rive droite du Rhône. Sur la rive gauche, elle n'apparaît que plus bas, vers Tain l'Hermitage et s'étale ensuite vers l'est sur les bords de l'Isère.

De Valence au sud de Montélimar, elle est absente avant retrouver une large place à partir du défilé de Donzère. Mais c'est en s'éloignant du couloir rhodanien que l'on prend toute la mesure de son étendue. À l'ouest du Rhône, le vignoble est bordé par une série de plateaux calcaires dont l'altitude s'abaisse progressivement vers le sud. Le vignoble des Costières de Nîmes, le plus méridional, s'étire jusqu'aux portes de la Camargue. À l'est, la vigne s'éparpille jusqu'aux chaînons subalpins des Baronnies et du Ventoux, les Alpilles et le Luberon marquant la limite avec les vins de Provence.

Un terroir d'une diversité et d'une richesse extraordinaires

Des coteaux escarpés du nord aux vastes plateaux du sud, des collines douces aux crêtes abruptes, les géologues y trouvent d'innombrables sujets d'études. À tel point que l'observation des différents dépôts du Rhône a servi de référence mondiale à la classification des niveaux de terrasses quaternaires.

Pour comprendre la complexité géologique de la Vallée du Rhône, il faut remonter le fil du temps jusqu'au début de l'ère secondaire, au Trias, 250 millions d'années avant notre ère.

Le socle ancien est alors recouvert par la mer jurassique. Ce socle est essentiellement constitué de granite, une roche magmatique de profondeur composée de mica noir, de quartz et de feldspath. La dégradation du granite est à l'origine de nombreux éléments du sol : sable (grains

Sablet, au pied des Dentelles de Montmirail.

Les Alpilles barrent la route aux vents marins.

de quartz), argile (granite dégradé par l'eau chargée de gaz carbonique), schistes (roche argileuse feuilletée sous l'effet d'énormes pressions), gneiss, micaschistes…

D'importants dépôts calcaires formés de coraux et de sédiments s'accumulent au fond de la mer. Au Crétacé inférieur (-135 millions d'années), suite à des mouvements du socle, la mer se retire puis revient, provoquant des différences d'épaisseur entre les dépôts calcaires. Dans le nord de la Vallée, les eaux sont peu profondes alors que dans le sud se creuse la fosse voconcienne, du nom des tribus qui coloniseront cette région du Diois. Tout autour, elle est bordée d'une plate-forme où se déposent, sur près de 400 mètres d'épaisseur, des calcaires très durs : les calcaires urgoniens, du nom d'un village des Alpilles, Orgon.

Ils ceinturent complètement la Vallée du Rhône et émergeront plus tard, à la faveur des soulèvements pyrénéo-provençal et alpin, sous forme d'imposants reliefs comme les montagnes du Luberon et du Ventoux, mais aussi le plateau du Vivarais, les Alpilles et les garrigues de Nîmes. Le paysage tourmenté des Dentelles de Montmirail témoigne de la puissance des forces en pré-

La vigne s'est adaptée sur ces sols calcaires.

Page de droite : Le Rhône a façonné le relief de la Vallée du Rhône.

sence. Sur la rive droite du Rhône, les gorges de l'Ardèche et de la Cèze sont issues de ces calcaires creusés par les rivières. Sur ces sols durs et squelettiques, la vigne pousse mal. On en trouve néanmoins sur la partie ouest du vignoble de Tavel, dans les Côtes du Luberon au sud-ouest d'Apt et sur quelques parcelles des Côtes du Ventoux.

Durant le Crétacé supérieur, la fosse voconcienne se comble avec formation de grès (grains de sable agglomérés), de calcaires gréseux ou marno-sableux (les marnes étant un mélange d'argile et de calcaire). Ces sols constituent aujourd'hui les terroirs des Coteaux du Tricastin et du Massif d'Uchaux. Le château de Mornas par exemple est juché sur des falaises gréseuses.

Plus tendres que les urgoniens, ces calcaires sont davantage entamés par les rivières et donnent naissance à de larges vallées aujourd'hui tapissées de vignes sur les deux rives du fleuve.

À la fin de l'ère tertiaire, au Miocène (- 24 millions d'années), la chaîne alpine s'exhausse sous la pression de la plaque africaine, provoquant un nouvel envahissement du couloir rhodanien par la mer. Les dépôts de sables, de sables marneux, de molasses sableuses tapissent alors les deux principaux bassins de la région : Visan - Valréas et Avignon - Carpentras.

La pierre du Midi (ou molasse) est justement le calcaire coquillier tendre, souvent blanc, qui se dépose durant le Miocène.

Par ailleurs, les matériaux transportés par les puissants cours d'eaux qui dévalent des jeunes Alpes, mais aussi du Massif central contribuent à combler la mer Miocène.

L'accumulation des cailloutis, des marnes et des argiles alluvionnaires atteint des hauteurs impressionnantes dans le sud de la Vallée du Rhône. Résistants à l'érosion, ces dépôts sont aujourd'hui à l'origine des collines

Ceps centenaires à Châteauneuf-du-Pape.

de Valréas - Vinsobres, Buisson - Cairanne... Sur ces massifs, la présence d'argile autorise la culture de la vigne, y compris sur de fortes pentes car elle lui assure une bonne réserve en eau, notamment durant les périodes de sécheresse. Les Côtes du Rhône Villages Valréas, Visan, Vinsobres, Saint-Maurice, Cairanne et Rasteau tirent de ces terroirs leurs meilleurs vins.

À la fin du Miocène, plus exactement au Pliocène, la fermeture de la mer Méditerranée, énième conséquence du soulèvement alpin, provoque une baisse du niveau de l'eau. Le Rhône et les rivières s'enfoncent à nouveau et creusent les matériaux déposés auparavant.

De Condrieu à Saint-Vallier, le fleuve entaille le socle granitique au niveau de Vienne et au nord de Tain l'Hermitage.

Son cours ne variera pratiquement plus jusqu'à nos jours. À l'ouest, il est maintenu par la bordure du Massif central qui s'est soulevé en contrecoup du plissement alpin. Ce soulèvement, orienté sud-ouest - nord-est au sud de Vienne, explique d'ailleurs le coude que fait le Rhône à cet endroit, offrant au vignoble de Côte Rôtie une exposition sud-est idéale.

Les ruisseaux descendant du Massif central, toujours selon la même direction sud-ouest - nord-est, entament le plateau, permettant à la vigne de s'installer sur des versants sud-sud-est bien exposés comme c'est le cas des vignobles de Condrieu, Château Grillet et d'une partie de Saint-Joseph.

À l'est, le Rhône est bordé par les dépôts considérables d'origine alpine charriés par l'Isère. Sur la rive droite, il ne reste pas grand-chose des niveaux de terrasses formés par le fleuve, si ce n'est par exemple la terrasse caillouteuse de la commune de Mauves. Située au lieu-dit Saint-Joseph, elle donnera son nom à l'appellation.

Par contre, sur la rive gauche, ces niveaux de terrasses sont caractéristiques du paysage.

L'appellation Hermitage compte par exemple une terrasse ancienne plantée de cépages blancs protégée de l'érosion par le célèbre coteau granitique qui porte la chapelle. On en trouve aussi plus au sud, plantées de vignes (Crozes-Hermitage) et de vergers.

Dans le sud de la Vallée du Rhône, les rivières s'enfoncent dans les dépôts de la mer Miocène et les calcai-

Plus la durée de cuvaison est longue, plus le vin est corsé et coloré.

res urgoniens. Aujourd'hui, les lits de ces rivières sont situés à plus de 200 mètres sous la surface des vallées actuelles.

La réouverture du détroit de Gibraltar amène un nouvel envahissement brutal des terres par la mer. Elle est à l'origine des dépôts marneux de teinte bleue qui affleurent notamment dans le Gard, sur de vastes surfaces (Pujaut, Domazan, Fournès). Mêlés à d'autres matériaux tels que des sables ou les galets du quaternaires, ils constituent de nos jours des terroirs viticoles intéressants.

Au début de l'ère quaternaire, la mer Pliocène n'existe plus.

Le terroir des Côtes du Rhône septentrionales est déjà presque formé, des vents puissants arrachent les éléments fins des terrasses pour les accumuler sous forme de loess (terre jaune sablonneuse et argilo-calcaire) dans les secteurs abrités.

Mais dans le sud, le paysage que nous connaissons aujourd'hui se façonne essentiellement sous l'effet des redoutables conditions climatiques du Quaternaire.

L'eau joue un rôle prépondérant car elle érode (à l'état liquide) et disloque (à l'état de glace) les roches.

Les glaciations, en abaissant le niveau de la mer, provoquent le creusement des vallées par le Rhône et ses affluents. En période de réchauffement, ces derniers déposent de nouvelles alluvions et cailloutis dans les vallées.

De cette alternance naissent des terrasses, très nombreuses en Vallée du Rhône : pied des Dentelles de Montmirail (de Séguret à Vacqueyras), le long de l'Eygue à Nyons ou Saint-Maurice... Les plus anciennes ont résisté à la fureur du Rhône grâce à la protection des durs calcaires urgoniens de l'ère secondaire. C'est le cas de Châteauneuf-du-Pape : les célèbres galets roulés sont, à l'origine, des galets de granite d'origine alpine polis par l'eau. Mélangés à de l'argile sableuse rouge, ils offrent un sol idéal pour la vigne.

Enfin, les Costières de Nîmes constituent la plus vaste étendue de dépôts fluviatiles caillouteux en France.

De cette histoire géologique complexe dérive la nature des sols des Côtes du Rhône.

Ainsi, dans le nord de la Vallée du Rhône, on trouve du granite et ses dérivés métamorphiques (gneiss, micaschistes) très anciens de la bordure est du Massif central. Ces sols sont escarpés, secs et plutôt acides mais la vigne, en plongeant ses racines dans les fissures, y trouve des éléments d'une grande richesse, de nature à donner des vins très expressifs. Toutefois, quelques secteurs possèdent des roches sédimentaires calcaires comme Châteaubourg, au sud de Saint-Joseph, une petite partie de Cornas et Saint-Péray.

Dans le sud, les dépôts calcaires d'origine marine se mêlent aux apports d'origine fluviale ou lacustre, le tout étant, à des degrés divers, dégradé en de nouveaux matériaux. En simplifiant à l'extrême, on trouve cinq grands types de sols dans les Côtes du Rhône méridionales :

• Les sols issus de sables, de couleur plutôt jaune, situés en général près du Rhône et de ses affluents, qui dispo-

Des ceps noueux aux formes presque surnaturelles.

sent d'une bonne réserve en eau et sont plutôt destinés à l'élaboration de vins rouges légers et fruités ou de rosés.

• Les sols issus de roches calcaires ou gréso-calcaires durs, de couleur claire. Très sensibles à la sécheresse, ils sont difficilement explorés par les racines. Il s'agit par exemple des terroirs de Saint-Gervais, Chusclan ou Lirac mais aussi du secteur de Rochegude ou encore des Dentelles de Montmirail (Gigondas, Beaumes de Venise). Ces terroirs sont destinés aux vins rouges concentrés et tanniques.

• Les sols bruns issus des roches calcaires tendres, de marnes et de marnes à conglomérats. Les marnes offrent une très bonne réserve en eau alors que les marnes à conglomérats sont des sols secs où les racines ne peuvent pénétrer facilement. On les trouve à Vinsobres, Cairanne, Rasteau ou encore à l'est d'Avignon. Là aussi, on produit des vins rouges colorés de grande expression.

• Les sols issus de terrasses alluviales anciennes du Rhône disposent d'une bonne réserve en eau et d'un profil racinaire idéal. Ils sont souvent riches en argile et de couleur rouge, du fait de l'oxydation du fer. Il s'agit par exemple des terroirs ardéchois de la rive droite du Rhône, du sud du Gard (Domazan, Estézargues…), du nord de Lirac ou encore Châteauneuf-de-Gadagne et, bien sûr, Châteauneuf-du-Pape. Ce sont les terroirs de vins rouges de grande expression, puissants, généreux et corsés.

Enfin, les sols très caillouteux issus des apports alluviaux des affluents péri-alpins ou d'éboulis de pente offrent une réserve en eau limitée en surface mais très profonde. Comme dans les terrasses anciennes du Rhône, les racines de la vigne y trouvent une bonne alimentation. Ce sont les terroirs de Nyons, Sablet, Séguret, Sérignan ou encore Cavillargues, à l'origine de vins rouges fins et élégants.

L'identité du vignoble puise dans le... Rhône !

Le Rhône tiendrait son nom du comptoir fondé par les Doriens dans son delta, au IXe siècle avant Jésus-Christ, qu'ils appellent Rhodanoussia, en souvenir de leur île natale, Rhodes.

Les Latins retiennent la dénomination de *Rhodanus* et l'étendent au fleuve tout entier.

Axe majeur de communication entre l'Europe du Nord et la Méditerranée, il prend sa source en Suisse et parcourt 11 départements. Des Grecs qui l'empruntent pour aller chercher l'étain de Cornouailles à nos jours, en passant par les *negotiatores vinarii* (marchands de vin) des premiers siècles de notre ère, son utilisation pour le transport de marchandises n'a jamais cessé.

Avant le développement des bateaux à vapeur, au milieu du XIXe siècle, il génère une intense vie marinière. Car si la descente vers la Méditerranée ne pose pas trop de problème, les zones de rapides imposent un halage des bateaux pour la « remonte ».

Au Moyen Âge, seuls trois ponts, souvent victimes de crues dévastatrices, le traversent : Lyon, Pont-Saint-Esprit et Avignon. Ailleurs, on utilise des bacs.

Le Rhône est un fleuve impétueux du fait d'une forte pente : 0,5 mètre par kilomètre entre Lyon et Valence par exemple. Il reçoit un nombre record d'affluents aux régimes très différents : rivières alpines, torrents du Vivarais... et présente donc un débit élevé tout au long de l'année. Malgré d'importants aménagements, ses crues sont fréquentes et redoutées.

Aujourd'hui, de nombreuses industries utilisent sa puissance. Ce qui n'empêche pas le tourisme fluvial et les sports nautiques (canoë, jet-ski...) de se développer.

Le Rhône a véritablement sculpté les terroirs de la Vallée du Rhône qui lui doivent leur unité géologique : gorges étroites et pentes abruptes au nord, bassins ouverts et vastes plateaux au sud. C'est le lien qui unit les vignobles de la région. D'ailleurs, ce n'est pas un hasard si les Côtes du Rhône portent son nom car il est tout simplement à l'origine de leur existence.

Le mistral ne souffle qu'à partir de Valence.

Page de gauche : Du nord au sud, le Rhône est le fil conducteur du vignoble.

Un climat dominé par le mistral

Pour mieux comprendre la typicité des vins de la Vallée du Rhône, il faut aussi s'intéresser au climat. Là encore, la partie septentrionale diffère profondément de la partie méridionale.

Le secteur nord est une zone de transition entre le climat semi-continental de la Bourgogne et le climat méditerranéen de la Provence. Les hivers sont sous influence continentale : froids avec du vent (la bise) et peu de pluie. Par contre, les étés sont de type méditerranéen : chauds, peu ventés, avec des précipitations concentrées, parfois violentes.

Quant aux saisons intermédiaires, automne et printemps, elles subissent des influences diverses, tantôt de type continental, tantôt de type méditerranéen. La moyenne des précipitations atteint 700 à 800 mm de pluie pour une température de 10-12°C.

À ce régime mixte, il faut ajouter la diversité des reliefs qui entraîne une multiplicité de microclimats. C'est le cas par exemple de Côte Rôtie ou de Château Grillet dont les expositions exceptionnelles profitent à la qualité des vins.

Dans les Côtes du Rhône méridionales, le climat de type méditerranéen est fortement influencé par le mistral. La température moyenne est de 13-15°C. Les pluies varient de 600 à 900 mm chaque année. Elles sont très concentrées durant l'automne et le printemps et peuvent alors provoquer des inondations dévastatrices. Les orages de grêle, au printemps ou à la veille des vendanges, ne sont pas rares.

L'été est particulièrement chaud et sec, l'hiver bien plus froid que la plupart des régions méridionales à cause du mistral qui peut souffler jusqu'à 100 jours par an. Ce vent du nord, violent et froid, se lève quand s'établit une dépression sur le golfe de Gêne, tandis que règne un anticyclone sur le Nord de l'Europe. L'air, refroidi par son passage sur les sommets alpins, s'engouffre dans le couloir rhodanien et accélère jusqu'à atteindre des vitesses records : 313 km/h le 20 mars 1967 au sommet du mont Ventoux. Ce n'est qu'à partir de Valence que l'on

Quelques rares moulins demeurent en Vallée du Rhône.

Le mont Ventoux et son chapeau blanc.

peut véritablement parler de mistral car plus au nord, ce n'est qu'une bise. Plus on s'éloigne du couloir rhodanien, moins il souffle. Certains vignobles sont d'ailleurs parfaitement protégés grâce au relief.

Le mistral peut prendre plusieurs formes : le mistral blanc nettoie le ciel alors que le noir laisse des nuages. Le mistral rhodanien (ou local) ne souffle qu'en Vallée du Rhône : il peut être fort à Orange et faible à Carpentras. Enfin, on trouve en été un mistral thermique, léger et rafraîchissant.

Il a mauvaise réputation : au XVIe siècle, on le compte parmi les trois fléaux de Provence, avec la Durance et le… Parlement ! Il faut dire que ses rafales fortes et brutales sont redoutables.

Mais c'est grâce à lui que la région bénéficie d'un ensoleillement exceptionnel (2700 heures par an contre 1800 heures à Paris par exemple), d'un superbe ciel bleu, pur et sans nuages.

Pour se protéger, les habitants ont planté des haies de cyprès qui ralentissent un peu sa course, construit des clochers en fer forgé (les campaniles) plutôt qu'en pierre et orienté leurs habitations au sud. Ils en ont également tiré partie en construisant des moulins et, peut-être demain, des éoliennes.

Le paysage garde partout la trace de son passage : arbres penchés, végétation couchée… c'est aussi un terrible accélérateur de feux.

Les vignerons l'apprécient car il limite considérablement les maladies de la vigne (oïdium, mildiou), mais il peut aussi perturber la floraison en juin et casser des rameaux. À la veille des vendanges, il améliore la concentration en sucre des raisins et les sèche après la pluie, empêchant la pourriture grise de se développer. Dans les caves, il assainit l'air et contribue à clarifier les vins. L'ensoleillement qu'il dispense tout au long de l'année est bénéfique à la vigne qui mûrit dans des conditions idéales. Enfin, lorsqu'il souffle en hiver, il protège la vigne du gel en créant des flux d'air.

La richesse des cépages rhodaniens

Dotée d'une longue tradition viticole, la Vallée du Rhône dispose d'un grand nombre de cépages.

Syrah

Grenache noir

Les cépages rouges

Les vins rouges et rosés de Châtillon-en-Diois proviennent en grande partie du Gamay, le cépage typique du Beaujolais et, dans une moindre mesure, du Pinot noir et de la Syrah.

Dans les Côtes du Rhône septentrionales, seule la Syrah est autorisée pour les vins rouges.

Parente de la Mondeuse savoyarde, comme l'ont prouvé récemment des tests ADN, elle est peut-être la descendante du cépage *Allobrogica* dont parle Pline l'Ancien. Autochtone par excellence, elle ne vient donc ni de Syrie, ni de Perse, comme on l'a parfois dit.

Dotée d'une végétation importante et de longs rameaux, la Syrah doit être palissée pour ne pas casser. Dans le nord de la Vallée du Rhône, on utilise de grands piquets, les échalas, alors que dans le sud, les rameaux sont attachés sur différents niveaux de fils. C'est un cépage assez précoce, particulièrement coloré qui résiste bien à l'oxydation grâce à une bonne structure tannique.

Sur les terroirs des Côtes du Rhône septentrionales, elle est à l'origine de vins de très haute expression : fins et élégants à Hermitage, concentrés à Cornas, structurés à Côte Rôtie...

Ses arômes de violette, de cassis et de framboise qui évoluent vers la truffe, le cuir et la réglisse sont typiques.

Mourvèdre

Carignan

Cinsault

Picpoul

Counoise

Dans les appellations du sud de la Vallée du Rhône, elle est obligatoirement utilisée en assemblage avec d'autres cépages. Elle apporte alors de la couleur, des tanins et une grande richesse aromatique.

Le cépage rouge principal de la Vallée du Rhône méridionale est le Grenache. Originaire d'Espagne, c'est un cépage très vigoureux et fertile dont il faut sans cesse modérer le rendement pour obtenir des vins de qualité. Il résiste bien au vent et à la sécheresse et se conduit le plus souvent en gobelet, même si le palissage progresse pour permettre la récolte mécanique. Il est très vulnérable lors de la floraison car, sous l'effet d'un vent violent, il « coule » et ne produit alors que très peu de raisins.

Très riche en sucre, il apporte un potentiel alcoolique élevé, une couleur moyennement intense, une faible acidité, beaucoup de rondeur, des arômes de fruits rouges et d'épices. Il est assez sensible à l'oxydation. C'est pourquoi il est quasiment toujours utilisé en assemblage avec d'autres cépages. Néanmoins, dans certaines situations comme à Châteauneuf-du-Pape, il peut donner des vins vraiment exceptionnels aux arômes de kirsch, de cassis et de poivre. C'est aussi le cépage de base du vin doux naturel Rasteau.

Le Mourvèdre est le troisième cépage principal des vins rouges du sud de la Vallée du Rhône. Originaire d'Espagne comme le Grenache, il est très exigeant en chaleur et demande beaucoup de soleil pour mûrir convenablement. Il résiste à la sécheresse mais mal au vent. C'est pourquoi tous les terroirs ne lui sont pas favorables. Son intérêt réside essentiellement dans sa structure tannique, la puissance de ses arômes (cuir, fruits noirs, sous bois, écorce...) et son pouvoir antioxydant. Il améliore la garde des vins rouges mais prolonge également la fraîcheur des rosés dont il enrichit les arômes.

En plus de ces trois cépages principaux, on compte des cépages secondaires comme le Carignan et le Cinsault.

Le Carignan est un cépage vigoureux et assez fertile. Il exige beaucoup de chaleur, mais n'est pas sensible à la sécheresse et résiste bien au vent. Il s'adapte particulièrement bien dans les terrains chauds et secs de coteaux où son rendement est naturellement limité. Dans ces conditions, il donne des vins d'une belle couleur, structurés et tanniques. Vinifié en macération en grains entiers, il produit des vins très fruités.

Terret

Vaccarese

Muscardin

Muscat

Clairette

Le Cinsault est, lui aussi, assez vigoureux et fertile. Il exige beaucoup de chaleur et résiste à la sécheresse et au vent. Il n'apporte pas beaucoup de couleur ni de tanins mais des arômes élégants et fruités, quand on a bien maîtrisé son rendement. C'est pourquoi il est intéressant pour les rosés et les vins rouges légers.

La Vallée du Rhône compte de nombreux autres cépages rouges, de moins en moins cultivés. Citons par exemple le Picpoul noir, le Grenache gris, la Clairette rose et la Counoise, jadis connue sous le nom de Moustardier à Châteauneuf-du-Pape et Tavel. Le Muscardin est également encore utilisé à Châteauneuf-du-Pape, tout comme le Terret noir. Le Camarèse (ou Vaccarèse) est parfois encore cultivé dans le Gard.

Les cépages blancs

La palette des cépages blancs est tout aussi riche que celle des rouges. Dans le Diois, on cultive le Muscat à petits grains et la Clairette.

Le Muscat à petits grains est à l'origine des arômes de la Clairette de Die « méthode dioise ancestrale » et du Muscat de Beaumes de Venise. C'est un cépage très riche en sucre qui préfère les terrains chauds où il peut mûrir convenablement. Il développe alors des arômes floraux et musqués d'une très grande finesse. C'est cependant un cépage fragile très sensible à l'oxydation.

La Clairette est un cépage vigoureux qui aime les sols maigres, secs, caillouteux et chauds. Il donne des vins

Viognier

Roussanne

Bourboulenc

onctueux, aux arômes floraux (rose, acacia, pêche blanche...), fins et complexes pour peu que l'on évite toute oxydation. C'est l'unique cépage des vins blancs des Coteaux de Die. Il est aussi à la base des Crémants de Die (vin effervescent) et peut être utilisé, en assemblage avec le Muscat, dans la Clairette de Die.

Les vins blancs de Châtillon-en-Diois peuvent également faire appel à l'Aligoté et au Chardonnay.

Dans les Côtes du Rhône septentrionales, trois cépages sont à la base des vins blancs : le Viognier, la Roussanne et la Marsanne.

Le Viognier est un cépage vigoureux et rustique, sensible au vent et à la sécheresse, qui se contente de terrains pauvres, secs et caillouteux. Riche en alcool, il donne aux vins de la rondeur et des parfums floraux de violette, de miel et d'acacia. Avec le temps, il développe des arômes de pêche et d'abricot. C'est l'unique cépage des grands crus de Condrieu et Château Grillet.

La Roussanne est à l'origine des vins blancs exceptionnels d'Hermitage, de Saint-Joseph, de Crozes-Hermitage et Saint-Péray. Cépage peu vigoureux, délicat et sensible aux maladies, il s'adapte bien aux sols chauds, caillouteux, maigres et arides. Il donne des vins d'une grande élégance, fins et complexes, avec d'étonnants arômes floraux (chèvrefeuille, iris) et fruités (pêche de vigne).

Marsanne

Grenache blanc

Plus rustique, la Marsanne est généralement associée à la Roussanne. Vigoureux et très généreux, c'est un cépage qui donne le meilleur de lui-même sur les terrains peu fertiles de coteaux où son rendement est naturelle-

Vendanges dans les Côtes du Rhône septentrionales.

Les plus grands vins rouges vieillissent dans le secret des caves.

Les sols sont souvent difficiles à travailler.

ment limité. Il donne des vins puissants, de faible acidité, avec des arômes floraux (chèvrefeuille, rose) et fruités (pêche, noisette) qui évoluent vers l'amande grillée et le miel durant le vieillissement.

Les cépages blancs des Côtes du Rhône septentrionales sont également cultivés dans le Sud, en particulier le Viognier sur les terroirs assez frais et pauvres. Utilisé en assemblage, il enrichit alors grandement les vins blancs de sa riche palette d'arômes.

Mais le principal cépage blanc du sud de la Vallée du Rhône est le Grenache blanc. D'une bonne vigueur, il donne des vins assez corsés, peu acides, ronds et longs en bouche. On l'assemble souvent avec du Bourboulenc, un cépage rustique et vigoureux qui apporte de la fraîcheur et d'agréables arômes floraux (fleurs de garrigue, genêt...).

La Clairette, le Picpoul et l'Ugni blanc peuvent également faire partie des assemblages.

Les Côtes du Luberon et les Costières de Nîmes ont la possibilité de cultiver le Rolle (ou Vermentino), un cépage typiquement provençal que l'on trouve notamment dans l'A.O.C. Bellet, près de Nice et dans les Côtes de Provence. Enfin, on trouve dans les Costières de Nîmes le Maccabeu, un cépage d'origine espagnole typique des Côtes du Roussillon.

Un savoir-faire ancestral

La culture de la vigne n'a pas d'autre but que d'amener à parfaite maturité des raisins et les transformer en vin. Pour que les raisins soient de qualité, il faut à la fois préserver le cep et son feuillage des maladies, mais aussi limiter son développement végétatif. En particulier lorsqu'on cultive des cépages vigoureux comme le Grenache.

La taille, mais aussi des pratiques comme l'enherbement naturel maîtrisé associé à une fertilisation rai-

Attacher les sarments est indispensable pour les protéger du vent.

sonnée, permettent de limiter le rendement. Par ailleurs, grâce à des modèles mathématiques basés sur des informations météorologiques, on peut aujourd'hui prévoir d'éventuelles attaques de mildiou par exemple. La plupart des vignerons sont abonnés à des avertissements agricoles qui les conseillent sur les traitements. La viticulture raisonnée est pratiquée depuis longtemps en Vallée du Rhône qui, de surcroît, bénéficie de conditions climatiques très favorables (chaleur, sécheresse et vent).

Les connaissances ont également largement progressé concernant la date optimale de récolte du raisin. En plus d'évaluer la richesse en sucre des baies, on étudie maintenant leur niveau de couleur et le potentiel tannique. En fonction de ces informations, on choisit la meilleure date de récolte qui doit aussi tenir compte de la météo. Enfin, durant la vendange et lors de l'arrivée à la cave, les raisins sont triés pour écarter les plus abîmés.

Dans le nord de la Vallée du Rhône, les vignerons vinifient eux-mêmes leur production dans de petites caves anciennes mais bien équipées. On compte néanmoins quelques caves coopératives comme Tain l'Hermitage, Sarras ou Saint-Désirat. Chaque vigneron possède un savoir-faire qu'il tient de son père ou de son grand-père, adapté à chaque cépage et à chaque parcelle de vigne.

Dans le sud au contraire, l'évolution de la coopération a été prédominante. Dès les années 1920, les vignerons se sont regroupés afin de vinifier leurs raisins en commun. Aujourd'hui, les caves coopératives élaborent les deux tiers des vins de la région. Ce regroupement a permis l'acquisition de matériels modernes, l'emploi de salariés qualifiés et, depuis les années cinquante, d'œnologues récemment diplômés de la faculté de Pharmacie de Montpellier et d'ailleurs. Les caves particulières ont largement suivi ce mouvement de modernisation en s'équipant de cuves inox, pressoirs pneumatiques...

Enfin, la création de l'Institut Rhodanien (situé à Orange) par la filière vinicole, au début des années quatre-vingt-dix, a permis de faire progresser les connais-

Les caves coopératives se sont dotées de matériels modernes en inox.

sances techniques sur le lien entre le vin et le terroir, de procéder à des essais de vinification…

Traditionnellement, la Vallée du Rhône méridionale n'est pas une région de production de vins blancs : seulement 4 % des volumes. Les plus prestigieux sont situés dans le nord : Condrieu, Hermitage, Saint-Péray… mais on trouve aussi du Châteauneuf-du-Pape blanc dans le sud. C'est au sein de l'appellation Côtes du Luberon qu'on en trouve le plus (13 %).

Les vins blancs secs sont vinifiés à partir de raisins blancs après pressurage et débourbage (suppression des parties solides). La fermentation alcoolique (transformation du sucre en alcool par les levures) s'effectue dans des cuves ou, plus rarement, des fûts de chêne à une température régulée (18 à 20°C) pour conserver le maximum d'arômes. La fermentation malolactique (dégradation naturelle des acides dans le vin) n'est pas recherchée pour conserver de l'acidité et donc de la fraîcheur au vin.

Certaines appellations du nord de la Vallée du Rhône élaborent des vins blancs moelleux (Condrieu, vin de paille de l'Hermitage). Dans ce cas, la fermentation s'arrête d'elle-même car les levures sont asphyxiées par l'alcool et ne peuvent plus dégrader les sucres. Le vin est donc naturellement doux.

Les vins blancs effervescents de Saint-Péray et le Crémant de Die sont vinifiés selon la méthode traditionnelle, à la façon des Champenois (élaboration d'un vin blanc sec et ajout de sucre pour une deuxième fermentation en bouteille qui produira les bulles).

Par contre, la Clairette de Die « méthode dioise ancestrale » fait appel à une technique très originale : après le pressurage des raisins, les jus sont filtrés et réfrigérés. Puis le moût à moitié fermenté est mis en bouteille. La fermentation se poursuit alors à partir du sucre du raisin, donnant un vin naturellement effervescent, fruité, sucré et peu alcoolisé. Au bout de quatre mois, on procède à l'élimination du dépôt.

La dégustation reste le meilleur indicateur de l'évolution d'un vin.

Enfin, le Muscat de Beaumes de Venise est élaboré selon la méthode des vins doux naturels : la fermentation alcoolique est bloquée par mutage (ajout d'alcool neutre), ce qui a pour effet de produire un vin naturellement sucré mais plus alcoolisé.

En Vallée du Rhône, le vin rosé représente 6 % des volumes. Certaines appellations comme Tavel lui sont entièrement dédiées, d'autres maintiennent une production régulière comme les Côtes du Ventoux et les Côtes du Luberon. Les Costières de Nîmes ont, ces dernières années, largement développé sa production.

Les vins rosés sont élaborés à partir des mêmes cépages que les vins rouges. Ce sont des rosés de « saignée ». À l'arrivée à la cave, les raisins sont égrappés, foulés et macérés durant quelques heures. Car, à la différence des vins rouges, le contact entre le jus et la pellicule du raisin doit être bref. Rappelons en effet que la couleur d'un vin provient des parties solides du raisin (pellicule notamment). La pulpe, à l'origine du jus, est incolore. La « saignée » consiste à séparer la partie liquide de la cuve (le futur rosé), des parties solides qui sont utilisées pour faire du vin rouge. La fermentation se poursuit ensuite à une température de 18 et 22°C, pour conserver le maximum d'arômes. Comme pour les blancs, on ne recherche pas la fermentation malolactique.

Mais incontestablement, la spécialité de la région reste les vins rouges qui se taillent la part du lion : 90 % des volumes.

Dans le nord de la Vallée du Rhône, ils sont vinifiés à partir du cépage Syrah. Les raisins sont égrappés (séparation des baies et des rafles), foulés (écrasés) puis mis en cuve (cuvaison) pour une durée variant de 10 jours à trois semaines. Lorsque la fermentation alcoolique démarre, il faut réguler la température (25 à 32°C) et bien homogénéiser les parties solides (pellicule) et liquides.

Ainsi les anthocyanes (responsables de la couleur), les tanins (à l'origine de la structure du vin) et les molécules donnant naissance aux arômes migrent davantage des pellicules vers le jus.

Lorsqu'on atteint le niveau de couleur et de structure souhaité, on écoule la cuve et on presse le marc. Jus de goutte et jus de presse sont la plupart du temps assemblés par la suite.

Si le principe de la vinification reste le même dans le sud de la Vallée du Rhône, les cépages sont bien sûr différents mais surtout, le temps de cuvaison varie en fonction du type de vin souhaité.

Plus la durée de cuvaison est longue, plus le vin est coloré et corsé. Les vins légers ont une durée de cuvaison courte (4 à 8 jours) mais les vins corsés peuvent cuver jusqu'à 15 jours, voire davantage.

Dans le but d'obtenir des vins encore plus fruités, certaines caves pratiquent la macération en grains entiers, c'est-à-dire qu'aucun foulage ni égrappage n'est réalisé avant la mise en cuve. En plus de la traditionnelle fermentation alcoolique par les levures, des réactions enzymatiques se produisent qui accentuent l'extraction d'arômes fruités.

Dans la plupart des caves, les cépages sont vinifiés séparément, ce qui permet ensuite de disposer de nombreuses possibilités d'assemblages. Par la dégustation, on cherche en effet à obtenir le meilleur vin possible. Les assemblages peuvent être réalisés à différents stades de la vinification ainsi que durant l'élevage, autre étape importante qui permet de stabiliser le vin, de l'affiner et de l'épanouir. Le vin se clarifie, la couleur se stabilise, les tanins s'assouplissent, les arômes deviennent plus complexes…

Dans le nord, c'est une étape essentielle car la Syrah est un cépage aux arômes sauvages (animal, cuir) qu'il faut souvent oxygéner par un passage en bois (fûts neufs ou ayant déjà contenu plusieurs vins). Le vigneron agit également sur la limpidité du vin par collage (ajout d'une molécule entraînant vers le fond les particules en suspension) ou par filtration.

Dans le sud, l'élevage se pratique soit en cuve (inox, ciment), soit en foudres (grands tonneaux de plus de 10 000 litres), en demi muids (tonneaux de 600 litres) ou en barriques (tonneaux de 200 litres). Un vin élevé en cuve inox conserve de la fraîcheur et du fruité alors qu'un vin élevé en fût est plutôt vanillé, épicé et fumé. Les vins rouges des Côtes du Rhône ne nécessitent pas systématiquement un passage en bois. Toutefois, il est très bénéfique à certaines cuvées (Syrah, Mourvèdre) de longue garde.

Le bois neuf procure au vin des arômes de pain grillé et de vanille.

Deuxième vignoble de France et du monde produisant des vins de qualité, la Vallée du Rhône couvre au total près de 82 000 hectares de vignes pour un volume de 3,6 millions d'hectolitres. Son territoire s'étend sur six départements (Vaucluse, Drôme, Gard, Ardèche, Loire et Rhône) et trois grandes régions (Languedoc-Roussillon, Provence-Alpes-Côte-d'Azur et Rhône-Alpes). Chaque année, 450 millions de bouteilles sont commercialisées dont un tiers à l'exportation. C'est la première activité économique de la région avec un chiffre d'affaires dépassant le milliard d'euros.

En France, 20 % des volumes sont vendus dans la restauration et 80 % sont consommés à domicile. La grande distribution représente plus des deux tiers des ventes. À l'étranger, le premier marché en valeur est le Royaume-Uni, suivi des États-Unis. Viennent ensuite des pays comme la Belgique, les Pays-Bas, la Suisse, l'Allemagne… Aujourd'hui, les Côtes du Rhône se développent dans les pays scandinaves et au Japon. Ils sont aussi de plus en plus appréciés au Canada.

Un prix Nobel nommé Mistral

Évoquer la littérature régionale est impossible sans citer le chantre de la Provence et de ses traditions : Frédéric Mistral. Dans le cœur des Provençaux, il demeure le plus grand écrivain, l'un des rares à avoir consacré sa vie et son œuvre à sa région et à sa langue. Il crée avec six autres ardents défenseurs de cette langue : le Félibrige, une école littéraire.

Dans toutes les oreilles résonne encore le chant « Coupo santo » : la coupe offerte par les Catalans, est le Saint Graal du Félibrige ! Le grand maître en a la garde. Chaque année, il la sort le jour de la *Santo Estello*. Il y verse du Châteauneuf du Pape, et chante l'hymne dont l'assemblée reprend le refrain :

« *Coupo Santo*	« Coupe sainte
E versanto	Et débordante
Vuejo à plen bord	Verse à pleins bords
Vuejo abord	Verse à flots
Lis estrambord	Les enthousiasmes
E l'enavans di fort ! »	Et l'énergie des forts ! »

Lamartine disait de lui : « la parfaite convenance, cet instinct de justesse dans toutes les conditions, qui donne aux bergers, comme aux rois, la même dignité et la même grâce d'attitude ou d'accent, gouvernait toute sa personne. Il avait la bienséance de la vérité; il plaisait, il intéressait, il émouvait; on sentait dans sa mâle beauté le fils d'une de ces belles arlésiennes, statues vivantes de la Grèce, qui palpitent dans notre Midi.»

Pour son œuvre Frédéric Mistral reçut en 1904 le Prix Nobel de littérature.

Le mistral dans la littérature

Mistral signifie « maître » en provençal. C'est le roi des vents pour beaucoup d'écrivains à commencer par Friedrich Nietzsche qui le célèbre, dans sa « Chanson à danser » :

« Vent Mistral, chasseur de nuages,
Mort du chagrin, pureté du ciel,
Que je t'aime, ô toi qui mugis ».

Il est cité par le géographe Strabon et le naturaliste Pline l'Ancien. Eschyle le met en scène dans *Prométhée délivré de ses chaînes* : « Ô Heraclès, prends garde que la violence de ce vent froid ne t'enlève de terre ». Il l'appelle alors « borée », le vent du nord. Le mot Mistral n'apparaît qu'au XVIe siècle. Rabelais le décrit tandis que la marquise de Sévigné s'en plaint.

Edmond Rostand en joue avec humour dans Cyrano de Bergerac :

« Aucun vent ne peut, nez magistral,
t'enrhumer tout entier, excepté le Mistral ».

Van Gogh, Stendhal, Victor Hugo, Colette, Albert Camus y font référence. Georges Brassens l'a même mis en chanson :

« Le chapeau de Mireille (…)
Quel est le bon vent qui l'avait chipé (…)
C'est le plus fol
Et le plus magistral
De la bande à Eole
En un mot : le Mistral ».

CHAPITRE 3

Balades dans les vignobles de la Vallée du Rhône

Terre de vignobles, la Vallée du Rhône

regorge de ressources naturelles et historiques.

Balades sur les routes des vins.

Balade dans les vignes.

Gisement d'ocre rouge à Roussillon.

« Ce pays-ci est le paradis terrestre : des montagnes, des arbres verts, contre l'opinion reçue, des vues et des monuments magnifiques, avec des femmes de cinq pieds quatre pouce, droites comme des lames, propres, les bas tirés, souliers d'étoffe, gros tétons et le reste ». Inspecteur des monuments historiques, Prosper Mérimée s'enthousiasme pour la Provence, comme en témoignent ses notes de voyage datant de 1835.

Falaises d'ocre rouge, gorges profondes, villages perchés, relief tourmenté… Les paysages exceptionnels abritent un patrimoine historique unique de monuments antiques, forteresses et monastères, chapelles romanes, bâtiments Renaissance… Une intense tradition rythme encore la vie des villages où il n'est pas rare de célébrer une fête puisant son origine aux premiers temps du Moyen Âge.

Dans ce pays, la nature a conservé ses droits sur l'agriculture. Vignes, arbres fruitiers, oliviers et amandiers ont trouvé leur place sur d'étroites terrasses, sur des coteaux pentus ou des plateaux arides, protégés par des haies de cyprès ou de peupliers. Les cultures maraîchères ont prospéré dans les plaines d'alluvions fertiles des fleuves et comptent encore de nombreuses variétés anciennes que l'on peut découvrir sur les marchés, véritable concentré de couleurs, de saveurs et de senteurs. Les plantes aromatiques (thym, romarin, sarriette, origan, sauge…) ont colonisé les sols les plus pauvres, pour le plus grand régal des chèvres et des moutons. La truffe, secrète et mystérieuse, se cache au pied des chênes truffiers tandis que la lavande embaume l'atmosphère.

Les hommes ont utilisé les matériaux à leur disposition pour construire monuments et maisons : murs et

En Vallée du Rhône, l'agriculture épouse le paysage sans jamais le dénaturer.

Le boutis est une couverture piquée décorée de motifs provençaux.

abris érigés avec les pierres ramassées dans les champs, maisons bâties de blocs de molasse taillés, rues caladées, tuiles d'argile, crépis à base de chaux et de sable… Un artisanat de qualité s'est développé : taille de la pierre, travail du bois et du fer forgé, fabrication du papier, moulage et décoration des faïences, tissage des étoffes…

Enfin, à tout cela, il faut ajouter une vraie tradition culturelle qui allie la musique et le conte, sans oublier bien sûr la peinture, le théâtre et la poésie.

La vigne est un fil conducteur idéal pour parcourir ce territoire car le vin est non seulement l'un des piliers de la civilisation méditerranéenne, mais il est aussi profondément lié à son environnement. De là naît cette typicité si particulière des vins rhodaniens, avec leurs arômes de fruits, d'épices et de garrigue.

Suivre les routes du vin permet d'ouvrir les portes de ce vaste pays, les sens en éveil, pour en percevoir toute la richesse. À travers leur nom et celui de leurs cuvées, les domaines viticoles témoignent d'ailleurs de cette authenticité, qu'elle soit historique (Cellier des Templiers, cuvée des Voconces, Oratoire des Papes…), végétale (cuvée des Arbousiers, Domaine des Romarins…), climatique (Mas Chante Mistral, Domaine Chante Bise…), animale (Chante Cigale, Domaine des Escaravailles – les scarabées en provençal) ou géologique (Domaine de Roc Epine, cuvée du Trias)…

La Vallée du Rhône comprend différentes appellations d'origine contrôlée reposant, chacune, sur un terroir et des usages locaux spécifiques. Avant de partir sur les routes des vins, quelques connaissances sur leur organisation s'imposent.

Les Côtes du Rhône dominent l'ensemble par leur taille avec 61 000 ha de vignes répartis sur six départements (Vaucluse, Gard, Drôme, Ardèche, Loire et Rhône). Cet ensemble est organisé selon une pyramide. Plus on monte vers le sommet, plus l'aire de production se resserre et les conditions de production deviennent restrictives.

À la base, le Côtes du Rhône régional peut être élaboré sur 171 communes et couvre 40 000 hectares. Les

Champs de vignes et de lavande mariant leurs effluves.

règles de production imposent un rendement annuel ne pouvant dépasser, sauf année exceptionnelle, 51 hl/ha. Sur une étendue aussi vaste, on compte un large éventail de terroirs qui permettent d'obtenir des vins tantôt fruités, tantôt corsés. La plupart des Côtes du Rhône régionaux rouges sont néanmoins des vins fruités et gouleyants, à boire dans un délai d'un à deux ans.

Deuxième niveau de la pyramide, les Côtes du Rhône Villages couvrent une aire de 91 communes. En plus d'offrir des terroirs particulièrement propices à la vigne, ils ne doivent pas dépasser 44 hl/ha de rendement et comprendre un assemblage de cépages associant Grenache mais aussi Syrah ou Mourvèdre. Les Côtes du Rhône Villages rouges sont des vins plutôt colorés mais souples où le fruit est largement présent. Ils peuvent vieillir quelques années.

Sur ces 91 communes, 25 ont franchi un niveau de plus dans la hiérarchie en obtenant, grâce à des efforts qualitatifs (rendement plus restrictif de 41 hl/ha maximum) et une bonne notoriété, l'autorisation d'indiquer le nom d'un village sur les étiquettes, ce sont les Côtes du Rhône Villages avec nom de commune (ou nom géographique).

Dans le Vaucluse, il s'agit de Cairanne, Beaumes de Venise (qui regroupe aussi la production de Suzette, Lafare et La Roque Alric), Rasteau, Roaix, Sablet, Séguret, Valréas et Visan ; dans la Drôme : Rochegude, Rousset-les-Vignes, Saint-Maurice, Saint-Pantaléon-les-Vignes et Vinsobres ; dans le Gard : Chusclan (avec Orsan, Codolet, Bagnols-sur-Cèze et Saint-Étienne-des-Sorts) Laudun (avec Tresques et Saint-Victor-la-Coste) et Saint-Gervais.

Ce sont des vins colorés, souvent taniques et concentrés, qui demandent quelques années de vieillissement. Mais ce n'est pas une règle absolue car certains sont souples avec des tanins discrets.

L'appellation d'origine contrôlée est avant tout une consécration pour un vin.

Enfin, au sommet de la pyramide se trouvent les appellations locales. On utilise aussi le terme de « cru » pour les désigner même si leurs limites sont communales (à l'échelle d'une ou plusieurs communes). Pour les puristes, un cru ne peut en effet concerner qu'un tout petit territoire, une ou plusieurs parcelles par exemple.

Véritables fleurons de l'appellation, ce sont des vins d'excellence, uniques, typiques, issus d'un terroir caractéristique et disposant d'une très grande antériorité historique, source d'une forte notoriété. Leurs conditions de production sont particulièrement sévères avec des rendements ne dépassant pas 35 hl/ha dans la majorité des cas, l'obligation de respecter certaines règles comme la vendange manuelle, le tri des raisins à la parcelle, une durée minimum d'élevage... Il s'agit, dans le nord de la Vallée du Rhône, de Côte Rôtie, Condrieu, Château Grillet, Saint-Joseph, Hermitage, Crozes-Hermitage, Cornas et Saint-Péray et dans le sud, de Châteauneuf-du-Pape, Gigondas, Vacqueyras, Lirac et Tavel.

Cet ensemble pyramidal n'est pas figé. Ainsi, au printemps 2005, l'Institut National des Appellations d'Origine contrôlée (INAO) a jugé que de nouvelles communes pouvaient intégrer la catégorie des Côtes du Rhône Villages communaux. Et pour la première fois, l'INAO a permis l'utilisation d'un nom de terroir sur l'étiquette et plus seulement de village. Ainsi sont nés les Côtes du Rhône Villages Signargues, Puyméras, Massif d'Uchaux et Plan de Dieu.

De même, les Côtes du Rhône Villages Vinsobres et Beaumes de Venise ont déposé à l'INAO des demandes pour rejoindre les appellations locales comme l'avaient fait, en son temps, les Côtes du Rhône Villages Gigondas et Vacqueyras devenus appellations locales en 1971 et 1991.

Les Côtes du Rhône comptent enfin deux appellations de vins doux naturels : Muscat de Beaumes de Venise et Rasteau.

À côté de cet ensemble imposant sont nées, à partir des années soixante-dix, de nouvelles appellations. C'est le cas des Coteaux du Tricastin, des Côtes du Ventoux, des Côtes du Luberon et des Costières de Nîmes. Il n'existe pas de hiérarchie à l'intérieur de ces appellations.

Par ailleurs, la région du Diois abrite plusieurs appellations de vins effervescents (Clairette de Die, Crémant de Die) et tranquilles (Coteaux de Die, Châtillon en Diois).

Les Côtes du Vivarais ont accédé, depuis peu, au statut d'appellation d'origine contrôlée après être restés longtemps VDQS (vin de qualité supérieure).

Enfin, on élabore également en Vallée du Rhône de nombreux vins de pays (vin de pays de Vaucluse, de la Principauté d'Orange, des Cévennes, des Coteaux de l'Ardèche, du Comté de Grignan, des Collines rhodaniennes...) et des vins de table.

Pourquoi une appellation d'origine contrôlée ?

Une appellation d'origine contrôlée naît de la conjonction de facteurs naturels (sol, climat, cépages) et humains (usages et pratiques). C'est souvent le nom d'une région, d'un pays ou d'une localité. Les appellations vinicoles reposent essentiellement sur un terroir spécifique de grande qualité (nature du sol, régime hydrique, ensoleillement, température…) que l'on délimite très précisément.

Mais la typicité vient aussi des cépages utilisés et des pratiques mises en œuvre : chaque appellation repose d'ailleurs sur un décret fixant des conditions de production (cépages, densité de plantation, mode de taille, rendement, richesse minimale en sucre des raisins, mode de vinification, durée d'élevage…). Compte tenu de la diversité du milieu naturel et du nombre de vignerons, ces règles ne permettent bien sûr pas de produire exactement le même vin partout. C'est pourquoi les vins d'une même appellation ont un « air de famille » tout en possédant chacun leur propre personnalité.

L'appellation est une consécration pour les vignerons d'une région dont le vin doit être non seulement de grande qualité mais aussi typique et connu. Son nom ne peut d'ailleurs être choisi au hasard, mais doit faire référence à un terroir (lieu dit), un village ou reposer sur une solide base historique.

« Avant le droit à l'A.O.C. s'imposent les devoirs » aimait à rappeler le baron Le Roy, père des Côtes du Rhône.

Balade au pays des Côtes du Rhône septentrionales (route Safran)

Les Côtes du Rhône septentrionales sont l'un des plus anciens vignobles de France et la réputation des « vins de Vienne » remonte à l'Antiquité. Pline l'Ancien en fait l'éloge, tout comme le poète latin Martial mais aussi Plutarque, Columelle… Au XIXe siècle, ces vins sont exportés dans toute l'Europe : Angleterre, Allemagne, Russie… L'industrialisation de la région, après la deuxième guerre mondiale, aurait pu les faire disparaître mais c'était sans compter la détermination des vignerons qui n'ont pas voulu perdre un terroir aussi exceptionnel.

Il faut commencer la balade par la ville de Vienne, riche en vestiges historiques et dotée d'un beau centre ancien : temple d'Auguste et de Livie, théâtre romain, cathédrale gothique, églises romanes… Au Ier siècle avant J.C., avec ses deux ponts sur le Rhône, son importance dépasse celle de Lyon.

Le vignoble débute par les pentes abruptes de Saint-Cyr-sur-le-Rhône. La vigne pousse sur des terrasses dont la mince pellicule de sol est retenue par de petits murets en pierre sèche (les cheys). Nous sommes au royaume de la Côte Rôtie qui s'étend également sur les communes d'Ampuis, Tupin-et-Semons, sur environ 200 ha. La configuration des mouvements terrestres lui a conféré une exposition sud-est idéale qui expliquerait peut-être ce nom de Côte Rôtie. Il ne faut pas hésiter à quitter la Nationale 86 pour grimper jusqu'aux belvédères, s'approcher de ces vignes accrochées aux pentes vertigineuses et admirer le paysage spectaculaire où le Rhône serpente à travers des îlots protégés. Ampuis, qui viendrait

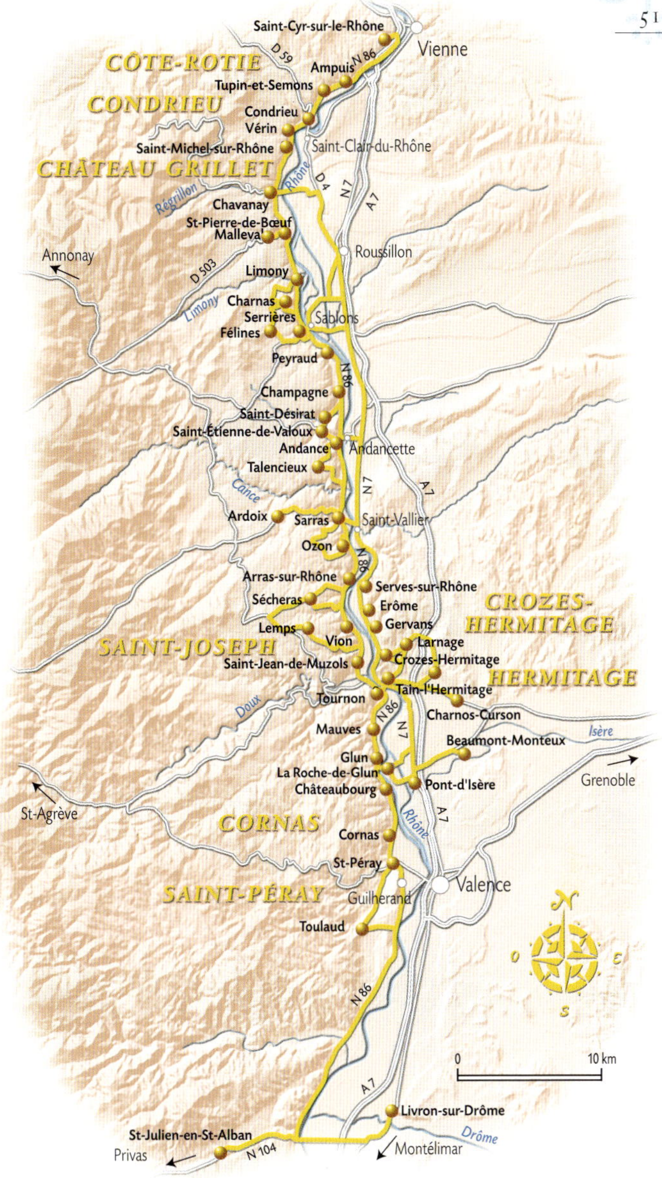

du grec *ampelos* (la vigne), est le cœur du vignoble. Là se trouvent les fameuses Côte brune et Côte blonde. La légende dit qu'au Moyen Âge, le seigneur de Maugiron aurait partagé son bien entre ses deux filles, l'une brune, l'autre blonde. Mais la réalité géologique montre que la Côte brune est composée de micaschistes altérés qui sont

Le village de Condrieu.

En bas : Un terroir à la configuration extrême, avec des pentes jusqu'à 50 %.

à l'origine de sols argileux, riches en fer et de couleur sombre alors que la Côte blonde provient de la dégradation de gneiss, à l'origine de sols plus siliceux, de couleur claire, associés à du loess calcaire du plateau.

Les vins de Côte Rôtie, dont le cépage unique est la Syrah, sont d'un rouge sombre avec de jolis reflets violines dans leur jeunesse. Ils offrent beaucoup de structure et de puissance, ce qui en fait des vins de garde par excellence (5 à 15 ans).

En suivant la Nationale 86, on rejoint l'appellation Condrieu qui s'étend sur sept communes (Condrieu, Verin, Saint-Michel-sur-Rhône, Chavanay, Saint-Pierre-de-Bœuf, Malleval et Limony) et trois départements (Rhône, Loire et Ardèche), pour une surface d'une centaine d'hectares seulement.

Là encore, c'est la configuration extrême du terroir, avec des pentes pouvant atteindre 50 %, qui a donné naissance à cet exceptionnel vin blanc élaboré uniquement à partir du cépage Viognier. D'une couleur or pâle, ses arômes sont puissants (fleurs des champs, violette, iris, abricot…), il offre beaucoup de rondeur en bouche tout en apportant de la fraîcheur. Un grand vin qu'appréciait particulièrement Stendhal et que Guy Patin, médecin au XVIIe siècle, citait parmi les meilleurs de France.

L'amphithéâtre naturel de Château Grillet.

Le nom de Condrieu viendrait du patois « coun de riu » (coin du fleuve) ou encore de « coin des rieux » (croisement des ruisseaux). La ville abrita une importante communauté de bateliers lorsque les marchandises circulaient sur le Rhône. Le souvenir des mariniers hante toujours cet ancien port de commerce qui assurait le plus clair des transports entre Lyon et Beaucaire. Aujourd'hui, des joutes organisées sur le Rhône et un musée installé à Serrières, dans une église dont la voûte a la forme d'une coque de bateau, rappelle ce passé.

Au cœur de l'appellation Condrieu, sur les communes de Saint-Michel-sur-Rhône et Vérin, se trouve la plus petite appellation d'origine contrôlée française appartenant à un seul propriétaire : Château Grillet (3,5 ha). Connu depuis l'occupation romaine, cité régulièrement dans les chroniques des voyageurs des XVIIe et XVIIIe siècle, apprécié par Blaise Pascal, Thomas Jefferson… le vin blanc de Château Grillet offre de beaux reflets jaune paille avec le temps, d'étonnants arômes de pêche et d'abricot et une onctuosité d'une grande richesse. Rare (seulement 10 000 bouteilles sont élaborées chaque année) et cher, il est considéré par certains comme le… meilleur vin du monde ! Il faut dire que le vignoble dispose d'une exposition unique grâce à un petit amphithéâtre naturel abrité du vent et ouvert au sud-sud-est.

Condrieu partage quelques-unes de ses communes avec l'appellation Saint-Joseph : Chavanay, située aux portes du parc régional naturel du Pilat, Saint-Pierre-de-Bœuf où la vigne est présente depuis le XIe siècle et Malleval, légèrement en retrait mais qu'il faut absolument visiter. Cette place forte de surveillance du Xe siècle dont le nom signifie « mauvais vallon » est un site médiéval authentique, aux portes du Pilat. C'est d'ailleurs le point de départ d'un sentier sur la flore tracé dans le Parc.

Limony qui vient du latin *pagus luminis* (pays de lumière) fut autrefois une riche station thermale dont les bains étaient alimentés par les eaux de la colline de Fontailloux. Après les pentes abruptes de Côte Rôtie et Condrieu, le paysage s'ouvre en un bassin où le fleuve a

Porte ancienne au détour d'une ruelle.

déposé ses alluvions. C'est le début du vaste vignoble de Saint-Joseph (1000 ha), dominé par le mont Pilat (1432 m). Apprécié dès le XVIe siècle à la table des rois de France, le vin de Saint-Joseph doit son nom aux jésuites de Tournon qui l'ont baptisé ainsi au XVIIe siècle.

Les vins rouges offrent de subtils parfums de cassis et de framboise, avec des nuances de cuir et de réglisse. Ce sont des vins souples et fins qui se conservent quelques années. Quant aux blancs, ils dévoilent des parfums de fleurs des champs, d'acacia et de miel, avec des silhouettes sveltes et fraîches.

Après Limony, on traverse de petits villages comme Charnas ou Félines avant d'arriver à Serrières-du-Rhône, une ancienne cité marinière dont le nom reste attaché, comme Condrieu, aux bateliers du Rhône. Voué à la navigation jusqu'au XIXe siècle (on peut lire à ce sujet le très beau roman de Bernard Clavel, *Le Seigneur du Fleuve*), les mariniers de Serrières n'ont pas résisté à l'arrivée du bateau à vapeur, du chemin de fer et de la route. Beaucoup se sont donc convertis à la… culture de la vigne avant d'être à nouveau durement touchés par le phylloxera. La Nationale 86 traverse ensuite Peyraud, dont les demeures sont construites en pierre noire du pays et Champagne, un tout petit village doté d'un joyau de l'art roman : l'église Saint-Pierre. Merveille architecturale (seulement trois églises de ce type existent en France), sa façade présente des sculptures d'origine carolingienne, sa nef des proportions grandioses et sa voûte quatre coupoles sur trompes. En quittant la Nationale, on traverse Saint-Désirat, un petit village âgé de plus de 700 ans, Saint-Étienne-de-Valoux, un bourg niché au fond d'un vallon et Andance, une ancienne cité marinière dont le pont suspendu sur le Rhône est le plus vieux de France (1827). Après Talencieux et Sarras, on peut pousser jusqu'à Ardoix, situé sur les premiers plateaux ardéchois et rejoindre Ozon où le panorama sur le Rhône est grandiose.

À flanc de coteau, Arras-sur-le-Rhône dispose d'importants vestiges romains et une « Tour ronde » comme on en trouve en Espagne. À l'écart de la Nationale, le vignoble s'étend sur Sécheras, Lemps, Vion et Saint-Jean-de-Muzols. On arrive alors à Tournon-sur-Rhône, une ville commerçante très animée, avec ses quais ombragés, ses terrasses, ses ruines perchées. Les « vins de Tournon » font le bonheur des papes installés en Avignon au XIVe siècle, mais aussi de François Ier. Non loin se

Le ruissellement de l'eau érode les sols sur ces pentes abruptes.

trouve Mauves, le cœur historique du vignoble de Saint-Joseph. Victor Hugo, dans *Les Misérables*, fait d'ailleurs boire du « vin de Mauves » à Jean Valjean.

Tout au sud du vignoble, près de la ligne du 45e parallèle, se trouvent la commune de Glun, autrefois village de pêcheurs et Châteaubourg, avec son château bâti sur le bord de la falaise pour mieux surveiller la vallée et percevoir les droits de péage.

Pour rejoindre Cornas, il faut prendre la route panoramique allant de Tournon à Valence et passer à Saint-Romain-de-Lerps dont les deux balcons d'orientation permettent d'avoir un panorama parmi les plus grandioses de la Vallée du Rhône.

Produit sur une centaine d'hectares, le vin de Cornas, uniquement rouge, est renommé depuis le Xe siècle. Présent sur les tables royales en France et à l'étranger, il est apprécié de Charlemagne qui demande en 840 qu'on lui en fasse parvenir à Aix-la-Chapelle. Au XVIIIe siècle, ce vin « noir » est très recherché et considéré comme un vin rouge de « première classe » avant de quasiment disparaître à cause du phylloxera. Cornas pourrait signifier « terre brûlée » en langage celte, sans doute du fait de sa situation en amphithéâtre, à l'abri des vents du nord. Les vins de Cornas développent un bouquet de fruits rouges qui évolue vers des parfums de truffe, de fruits cuits ou de réglisse. Un peu sévère dans sa jeunesse, il s'assouplit avec les années, ce qui en fait un vin de garde par excellence.

Après Cornas se trouve l'appellation Saint-Péray, à l'origine de très agréables vins blancs, tranquilles et effervescents. Là encore, le vignoble date de l'époque romaine. Grâce aux archives de la maison de négoce Faure, on sait qu'au XVIe siècle, le vin de Saint-Péray est exporté en Angleterre, à la cour des tsars… Richard Wagner en aurait commandé une centaine de bouteilles en 1877, au moment où il compose Parsifal. Henri IV, Lamartine, Alphonse Daudet, Maupassant… vantent ses mérites.

C'est l'exposition plein nord de ce petit vignoble d'une soixantaine d'hectares, situé sur les communes de

Dans ces vignobles, aucune mécanisation n'est possible.

Page de gauche : De nombreux belvédères permettent d'admirer le paysage.

Saint-Péray et Toulaud, qui donne une bonne vivacité aux vins.

On dit qu'un caviste champenois serait l'inventeur du Saint-Péray mousseux au début du XIXe siècle. Saint-Péray est dominé par le château de Crussol, en ruine, qui est cité depuis le Xe siècle. Quasiment inaccessible, Napoléon le gravit plusieurs fois en compagnie de son frère Joseph, futur roi d'Espagne. Vif et très floral, le vin tranquille est très agréable. Quant au vin pétillant, sa fraîcheur en fera un excellent vin d'apéritif.

Sur la rive gauche du Rhône, sur les communes de Tain l'Hermitage, Crozes-Hermitage et Larnage se trouve un autre vignoble célèbre : Hermitage. L'appellation tient son nom d'une chapelle située sur le coteau dominant la ville de Tain. Auparavant dédiée à saint Christophe, elle aurait accueilli, en 1224, la retraite du chevalier Henri Gaspard de Sterimberg, lassé de faire la guerre aux Albigeois. Les vins d'Hermitage sont déjà réputés au XIVe siècle à la cour pontificale d'Avignon sous le nom de vins de Tournon. Ils ne prendront le nom d'Hermitage qu'en 1598. Ils sont cités par Boileau dans *Le Repas ridicule* en 1665, font le bonheur de la cour des tsars de Russie… De passage à Tain en 1807, Napoléon y fait honneur tout comme Stendhal ou encore Thomas Jefferson, président des États-Unis de 1801 à 1809.

Le piton granitique planté en Syrah qui porte la chapelle suscite l'admiration d'Alexandre Dumas lors d'un voyage dans le Midi de la France en 1834 avec son ami Jadin.

Exposé plein sud, protégé du vent du nord et des gelées de printemps, il offre un terroir très diversifié, ce qui explique la présence de nombreux lieux-dits (Bessards, Greffieux, Méal, Rocoule…) répartis en une multitude de propriétaires. De nombreux chenaux y ont été aménagés pour évacuer les eaux de pluie

Il a protégé de l'érosion, lors des dernières glaciations, des terrasses anciennes sur lesquelles poussent aujourd'hui les cépages blancs. Le terroir compte 130 ha.

La Syrah est l'unique cépage rouge planté.

Les vins rouges d'Hermitage ont une belle couleur rubis foncé, un bouquet de fruits rouges évoluant vers des notes de fruits à noyau et de cuir avec l'âge. Souples en bouche mais dotés d'une puissance exceptionnelle et d'une grande finesse, ce sont des vins de très longue garde qui peuvent vieillir jusqu'à vingt ans. Les blancs sont très aromatiques avec des parfums de fleurs et d'amandes grillées, beaucoup de gras et de longueur.

On peut débuter la visite de l'appellation par le Belvédère de Pierre Aiguille (à 5 km au nord de Tain l'Hermitage sur la route de Larnage) qui domine le coteau et offre un beau panorama sur le Rhône et les deux cités de Tain et Tournon. La ville de Tain l'Hermitage recèle quelques vestiges romains et de belles promenades au bord du Rhône. Son nom viendrait du celte « *ta* » et « *wyn* » qui signifie « bon vin ».

Collé à celui d'Hermitage, le vignoble de Crozes Hermitage s'étend sur des terrasses anciennes sur plus de 1300 ha. C'est l'un des premiers à subir l'influence du mistral. Les vins rouges sont plaisants et vifs, avec des arômes de fruits rouges, d'épices, de cuir… L'appellation produit également des vins blancs floraux, gras et ronds en bouche, très agréables à boire jeunes.

Dans cette partie de la Vallée du Rhône, la vigne partage l'espace avec les cultures fruitières. Au nord, le vignoble débute à Saint-Serves-sur-Rhône, véritable poste de surveillance sur le Rhône au niveau du défilé de Saint-Vallier. À 20 km vers l'est, il faut se rendre à Hauterives pour visiter le palais idéal du facteur Cheval. Construit à la fin du XIXe siècle par un facteur ramenant toutes sortes de matériaux de sa tournée, ce palais étrange balance entre le palais des mille et une nuits et le temple Khmer. Erôme, Gervans, Larnage, Crozes-Hermitage, Mercurol, Chanos-Curson, Beaumont Monteux, La Roche de Glun (« roche ronde comme le genou »)… sont des villages modestes où la vigne est cultivée depuis le Moyen Âge, voire même depuis l'Antiquité pour certains. De nombreux belvédères accessibles de ces villages permettent d'admirer le paysage sur la Vallée. Pont-de-l'Isère marque le passage du 45e parallèle de l'hémisphère nord.

On peut ensuite découvrir la ville de Valence, bâtie sur un ensemble de terrasses descendant vers le fleuve. Ville d'art et d'histoire, plaque tournante des échanges entre le Massif central et les Alpes, elle offre un centre ancien typique et commerçant. Le bandit Louis Mandrin, audacieux contrebandier échappant sans cesse à ses poursuivants, y fut roué vif. Plus romantique, le pavillon de musique du Champ de Mars fut immortalisé par le dessinateur Raymond Peynet en 1942. Son jeune musicien coiffé d'un chapeau melon qui tend un bouquet à sa belle a fait le tour du monde.

Enfin, au pied de la ville fortifiée de Livron se trouve le coteau de Brézème, un petit vignoble d'une vingtaine d'hectares exposé plein sud et vieux de six siècles. « Il a le bouquet de l'Hermitage et le corps du Châteauneuf-du-Pape » déclare le baron Le Roy en 1961.

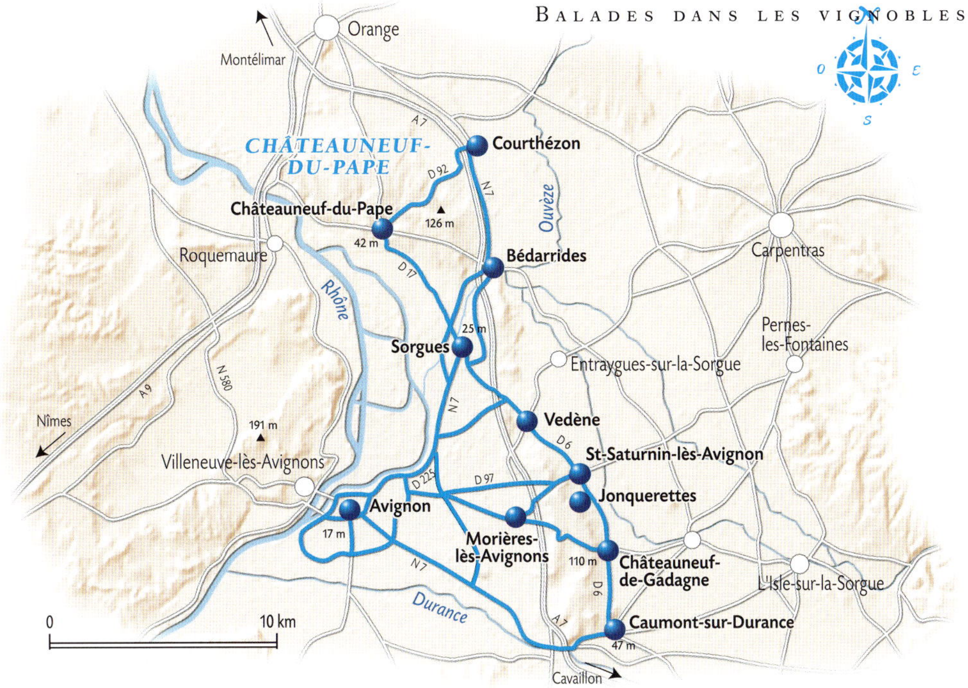

À la découverte de l'héritage des Papes (route Azur)

Capitale des Côtes du Rhône, ville papale, Avignon abrite depuis 1997 une parcelle de vigne à l'intérieur des remparts. Dominant le Rhône et le pont d'Avignon, au pied de la métropole Notre-Dame-des-Doms, elle compte 600 ceps des principaux cépages de l'appellation. À quelques pas de là, une table d'orientation permet de situer les différents points du vignoble. Ville d'art, d'histoire et de culture, Avignon mérite réellement une visite approfondie. « De loin, l'admirable ville, qui a eu quelque chose du destin de Rome, a quelque chose de la forme d'Athènes. Ses murailles, dont la pierre est dorée comme les ruines augustes du Péloponnèse, ont un reflet de la beauté grecque. Comme Athènes, Avignon a son Acropolis. Le Château des Papes est son Parthénon. » écrivait Victor Hugo en 1839.

Cité gauloise, colonie latine, elle est le refuge de la papauté au XIVe siècle. De cette époque datent les palais (ou livrées) édifiés par les cardinaux. Au XVIIe et XVIIIe, de nombreux hôtels particuliers y sont construits, comme celui qui abrite aujourd'hui la Maison des Vins des Côtes du Rhône et de la Vallée du Rhône, au 6 rue des Trois Faucons.

Les confréries bachiques y défilent pour les grandes occasions : proclamation du ban des vendanges début septembre, baptême du Côtes du Rhône primeur le troisième jeudi de novembre…

Mais pour réellement entrer dans l'univers vinicole, il faut partir vers le nord, à Châteauneuf-du-Pape, le vrai cœur historique des Côtes du Rhône.

Les vestiges du château bâti sur ordre de Jean XXII et détruit par les Allemands durant la deuxième guerre mondiale dominent le village. Jusqu'à la fin du XVIIIe siècle, ce village s'appelle Châteauneuf-Calcernier du fait des nombreux fours à chaux servant à transformer le calcaire dur en chaux.

Les premières vignes sont plantées par les Templiers au VIIe siècle, mais ce sont les papes qui développent le

Le Palais des Papes d'Avignon est le plus grand palais gothique d'Europe.

vignoble. Ravagé par le phylloxera au XVIIIe siècle, il faillit à nouveau disparaître lors de la première guerre mondiale, faute de bras pour le cultiver. Grâce à la pugnacité du baron Le Roy, Châteauneuf-du-Pape devient en 1936 la première appellation d'origine contrôlée reconnue officiellement dans les Côtes du Rhône.

Réputée pour ses célèbres galets roulés, elle compte un peu plus de 3000 hectares répartis sur cinq communes : Châteauneuf-du-Pape, Bédarrides, Courthézon, Orange et Sorgues. C'est le secteur le plus sec et le plus chaud des Côtes du Rhône avec moins de 650 mm de pluie par an, 2800 heures de soleil et 14° C de température moyenne. Grâce à l'argile rouge sableuse mélangée aux galets, la vigne ne souffre pas trop de la sécheresse car cela lui procure une bonne réserve en eau.

Les vins rouges de Châteauneuf-du-Pape sont réputés pour leur concentration, leur puissance et leur complexité. Fruits rouges, cuir, épices… ils accompagnent de nombreux mets et la plupart des fromages. Ce sont des vins de garde qui demandent au minimum cinq ans de vieillissement. Les vins blancs sont particulièrement frais et aromatiques (fleur de vigne, chèvrefeuille…). Il faut les boire jeunes, à l'apéritif ou avec les poissons grillés.

Châteauneuf-du-Pape compte de nombreux domaines viticoles historiques. C'est le cas par exemple du Château Mont Redon, connu depuis l'Antiquité car la voie romaine Agrippa passait à proximité. Même ancienneté pour le Château Maucoil (mauvais passage) dont les terres renferment encore des tuiles romaines.

La plupart des domaines historiques date cependant des XVIIe et XVIIIe siècles. Citons par exemple le Château La Nerthe qui, dès 1785, livre ses vins en bouteilles en France et dans le monde. « Vin royal, impérial et pontifical » déclare Frédéric Mistral. De même, la Solitude est l'un des premiers domaines à vendre ses vins en bouteilles étiquetées. Le Domaine de Nalys est attribué par l'archevêché à son fermier général, Jacques Nalis. Quant au Château La Gardine, propriété d'une très ancienne famille

Le vieux donjon domine le village de Châteauneuf-du-Pape.

de vignerons, les Brunel, il est connu pour la parcelle de Combe Masques (combe des sorcières) dont parle le poète Anselme Mathieu, compagnon de Frédéric Mistral. Citons encore le Domaine de Beaucastel, le Château de Vaudieu (vallon de Dieu) avant de nous attarder au Château Fortia. Mentionné au cadastre dès le XVIIIe siècle, la présence de carreaux vernissés servant à rendre les parois des cuves étanches atteste de l'ancienneté du chai. En 1890, après avoir changé de mains au gré des héritages ou des ventes, il échoit à Bernard Le Saint, compagnon de Ferdinand de Lesseps. C'est la fille de Bernard Le Saint que le baron Le Roy épouse en 1919. Ce Châteauneuvois d'adoption n'aura alors de cesse de défendre les vignerons et sera à l'origine de l'appellation d'origine.

Avant de quitter Châteauneuf-du-Pape, il est intéressant de visiter le musée du vin de la Maison Brotte. Une très belle collection de vieux outils ainsi qu'un très rare pressoir du XVIe siècle y sont présentés à côté d'explications sur le travail de la vigne et du vin.

La route des Papes se poursuit à la périphérie d'Avignon, de Vedène à Caumont-sur-Durance, en passant par Saint-Saturnin-les-Avignon, Jonquerettes, Morières et Châteauneuf-de-Gadagne. Grignotés par l'urbanisation, ces villages ont pourtant des vignobles fort anciens, aujourd'hui classés en Côtes du Rhône ou Côtes du Rhône Villages. Celui de Châteauneuf-de-Gadagne par exemple remonte au XIIIe siècle sur un terroir renommé qui offre les mêmes galets roulés que Châteauneuf-du-Pape. En 1854, c'est au Château de Fontségugne que naît le Félibrige, une institution créée par les poètes Aubanel, Mistral et Roumanille pour remettre à l'honneur la langue provençale. Quant à Caumont-sur-Durance, son origine remonte à l'époque mérovingienne. Ce village abrite la Chartreuse de Bompas, aujourd'hui domaine viticole. Au Moyen Âge, elle s'appelle « Maupas » en référence aux brigands qui détroussent les pèlerins et les marchands. Quand les religieux s'y installent, au XIIe siècle, Maupas devient Bonpas !

Le village de Séguret, perché à flanc de montagne.

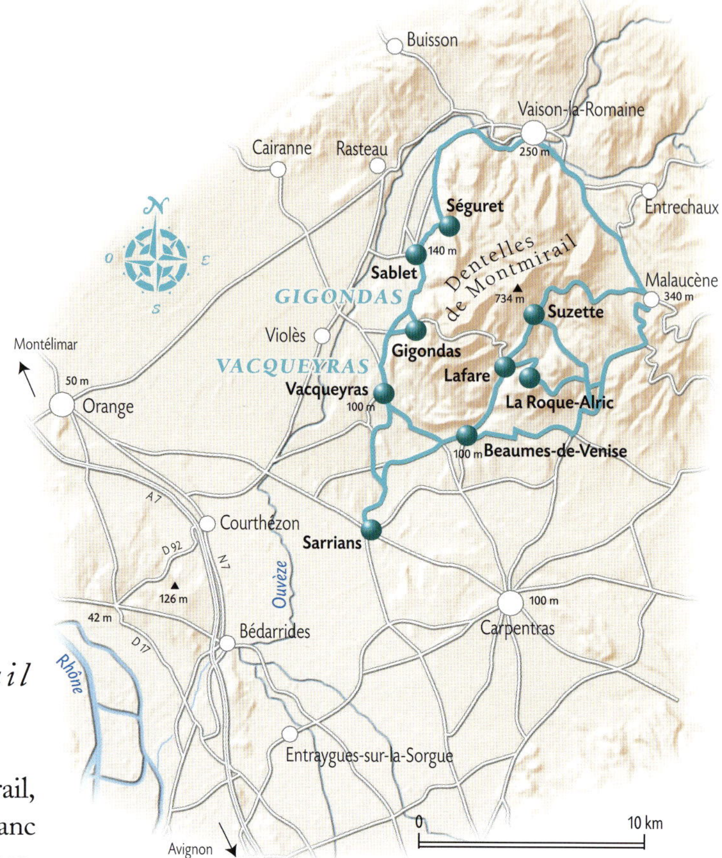

Au pays des Dentelles de Montmirail (route Turquoise)

Pour découvrir le pays des Dentelles de Montmirail, cap au nord-est en direction de Séguret. Perché à flanc de montagne, c'est l'un des plus beaux villages de France. Doté de remparts, on y entre par une porte monumentale avant de circuler à pied dans les ruelles bordées de belles maisons anciennes. De la petite place presque entièrement recouverte par les branches d'un platane taillé en parasol, la vue sur la plaine est étonnante. En haut du village, la Table du Comtat accueille les visiteurs avides de découvertes culinaires, avec une très belle carte de vins.

Classé en Côtes du Rhône Villages communal, le vignoble de Séguret (250 ha) s'est développé sous l'autorité des comtes de Toulouse, puis des princes d'Orange. En 1685, une confrérie vineuse y voit le jour sous l'autorité d'une femme : la bailleresse. Interdite comme la plupart des confréries durant la Révolution, elle ressurgit en 1985 sous le nom de Confrérie des Chevaliers du Gouste Séguret Compagnons de Saint-Vincent. Chaque année a lieu au mois d'août, une fête provençale et vigneronne, avec une procession de Saint-Vincent. À Noël, la messe dite en provençal est célébrée en présence d'une crèche vivante.

Le Côtes du Rhône Villages Séguret rouge est plutôt fruité et souple, le rosé délicat et le blanc léger et élégant.

À quelques kilomètres de là, le village de Sablet se dresse sur une colline. Bâti en étages, il offre de pittoresques rues, de vieilles portes, des vestiges de remparts et de tours datant du XIVe siècle. Sur ce vignoble datant de l'époque romaine, presque aussi étendu que celui de Séguret, on élabore sur les terroirs sablonneux des Côtes du Rhône Villages Sablet rouges, rosés et blancs, fins et délicats. Sur la rive droite de l'Ouvèze, les terrains plus arides du Plan de Dieu donnent naissance à des rouges puissants et concentrés.

Le Château Raspail à Gigondas est réputé depuis le Moyen Âge.

Chaque année, à la fin du mois de juillet, Sablet se transforme en salon du livre avec la présence de nombreux écrivains connus qui dédicacent leurs ouvrages.

Le vignoble de Sablet est contigu à celui de Gigondas, réputé depuis l'Antiquité comme en témoignent les écrits de Pline l'Ancien. Car ce vignoble d'un millier d'hectares est, à plus d'un titre, exceptionnel. Situé à une altitude comprise entre 100 et 500 mètres, il s'étend à l'ouest sur une haute terrasse de l'Ouvèze et, à l'est, sur le massif des Dentelles de Montmirail. Le paysage tourmenté résulte d'importants mouvements tectoniques : des couches très anciennes de sol sont remontées à la surface à la faveur de la faille de Nîmes. De là sont nées les « Dentelles », couches de calcaires durs du Jurassique, surmontant des couches de roches marneuses plus tendres. Leur verticalité en fait le paradis des varapeurs qui, du débutant au plus aguerri, empruntent les nombreuses voies menant aux sommets.

L'érosion a fait son œuvre, approvisionnant en cailloutis les pentes en contrebas. Très exposé au mistral, le vignoble subit aussi l'influence de l'altitude. Le Grenache a trouvé dans ce terroir une situation idéale et les vins de Gigondas sont riches, puissants et colorés. De longue garde, ils offrent des robes profondes, des arômes de fruits rouges et noirs, une bouche charpentée et épicée. Il faut impérativement les laisser vieillir plusieurs années. On y élabore également des rosés ronds et chaleureux.

Gigondas vient du latin *Jucunditas* qui signifie joie ou agrément. Le village mérite une visite avec ses remparts, sa vue magnifique sur la plaine rhodanienne et ses noms de rues pittoresques : rue du Cul de l'Ane, rue Esquicho Coude…

L'appellation compte de très anciens domaines malgré les ravages du phylloxera et la concurrence des oliviers. Le grand gel de 1956 a néanmoins largement contribué à favoriser la vigne.

Les vins du Domaine Raspail sont connus depuis la fin du Moyen Âge. Le château date de 1866. C'est aussi à cette époque que les premiers vins sont expédiés en

La Chapelle Notre Dame d'Aubune à Beaumes-de-Venise.

En hiver, la vigne doit résister au gel et à la neige.

Les reliefs imposants des Dentelles de Montmirail.

Au XIXe siècle, Vacqueyras était une station thermale réputée.

fûts à Paris, Lyon… De même, le Domaine des Bosquets est mentionné en 1376 pour sa production d'arbres fruitiers et d'oliviers. La vigne ne fera son apparition qu'en 1634. Enfin, le Domaine Saint Cosme existe probablement depuis l'Antiquité comme en témoignent les vestiges d'une villa romaine et les nombreux débris de céramiques trouvés dans les terres.

Le plus exceptionnel est cependant qu'il est aux mains de la même famille depuis le XVIe siècle (Vaton puis Barruol).

Quant à la cave coopérative, elle date de 1955.

La route des Dentelles se poursuit par le vignoble de Vacqueyras, consacré en 1990 appellation locale des Côtes du Rhône, où la vigne est cultivée depuis le Moyen Âge.

À peine plus grand que Gigondas, le vignoble s'étend aussi sur la commune de Sarrians.

À l'ouest, les hautes terrasses anciennes de cailloux roulés des bords de l'Ouvèze sont à l'origine de vins rouges puissants et riches. À l'ouest par contre, au pied du Massif des Dentelles, les sables molassiques du Miocène produisent des vins rouges fins et délicats, quelques rosés et blancs.

Au XIXe siècle, Vacqueyras est une station thermale réputée où séjournaient Sarah Bernhardt et Frédéric Mistral. C'est aussi le pays du poète et troubadour Raimbaut dont les poèmes, prémices de la poésie italienne, influencent Pétrarque et Dante.

Enfin, la dernière étape de la route des Dentelles se termine par Beaumes-de-Venise qui, avec les communes de Suzette, Lafare et La Roque Alric, élabore du Côtes du Rhône Villages Beaumes de Venise et un vin doux naturel, le Muscat Beaumes de Venise sur environ 1000 hectares.

Grâce aux sols légers, les vins rouges sont tendres et élégants, les rosés fruités. On dit que le grand Charlemagne lui-même se serait arrêté à Beaumes pour célébrer sa victoire contre les Sarrazins. Sur cet antique lieu de culte se dresse aujourd'hui la chapelle Notre Dame d'Aubune, en contrebas du village et au milieu des vignes.

Les Dentelles de Montmirail sont un site préservé.

Déjà apprécié des papes, le Muscat prend véritablement son essor au XVIIIe siècle. Le vignoble se développe alors sur des coteaux bien exposés au soleil à une altitude qui ne dépasse pas 300 m. Car le fragile Muscat blanc à petits grains a besoin de chaleur pour mûrir et se gorger de sucre. Élaboré selon le principe des vins doux naturels (mutage à l'alcool neutre à mi-fermentation), il possède néanmoins une particularité, celle d'être moins sucré (100 g/litre de sucre) que ses homologues du Languedoc (125 g/l). L'histoire dit que c'est l'erreur d'un caviste de la coopérative qui est à l'origine de cette anomalie. La dégustation montra en effet que cela lui apportait davantage de fraîcheur, un bouquet plus fin et de délicats arômes de fleurs et d'essences exotiques. Le baron Le Roy obtint, par on ne sait quel stratagème, une modification de la réglementation et le Muscat des Beaumes de Venise resta une exception.

De nombreux domaines ainsi que la cave coopérative élaborent un Muscat à la robe dorée et aux reflets cuivrés qui doit être servi jeune, frais et de préférence à l'apéritif.

De Beaumes, on accède au site naturel exceptionnel des Dentelles de Montmirail, un réservoir de faune et de flore unique doté de paysages admirables. À Suzette par exemple, au cœur du massif, la vigne pousse jusqu'à 400 m et bénéficie d'une grande fraîcheur durant l'été.

Les vins ne sont pas la seule richesse de Beaumes, classé « Site remarquable du goût » pour ses excellents produits locaux : olives, fromages, foie gras, pains spéciaux… produits par des artisans talentueux et passionnés.

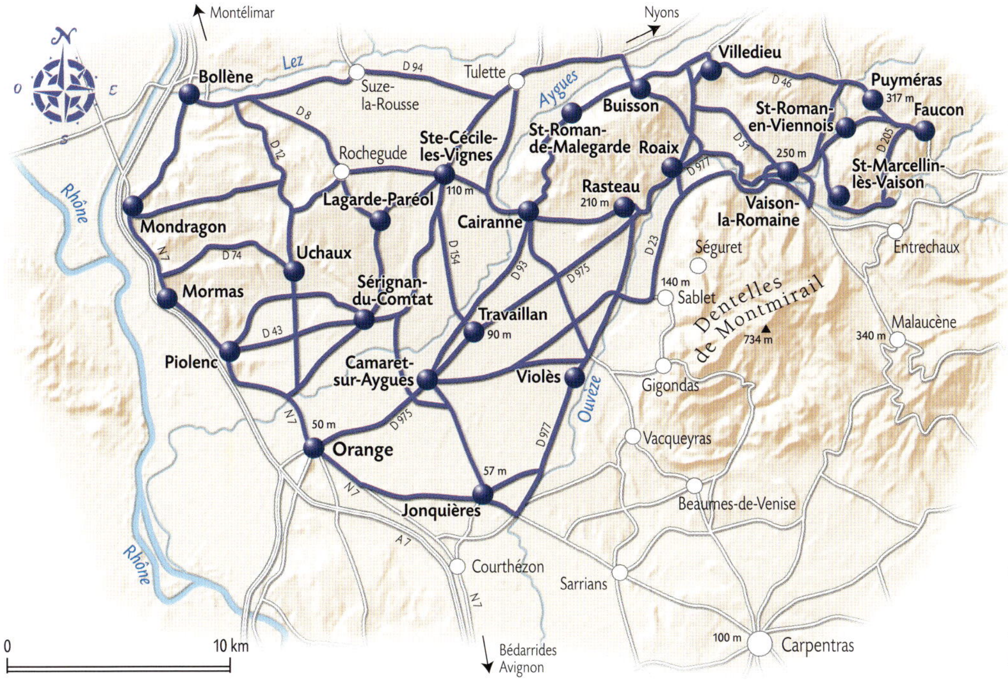

Voyage au cœur des Côtes du Rhône (route Indigo)

Pour ce voyage au cœur des Côtes du Rhône, rendez-vous à Orange la romaine. L'antique *Arausio* conserve en effet de son passé de ville dévolue, au début de l'ère chrétienne, aux vétérans de la deuxième légion gallique de César, de superbes monuments : un arc de triomphe et surtout, le seul théâtre romain d'Europe à avoir gardé son mur de scène. Aujourd'hui, il accueille des milliers de spectateurs dans le cadre de diverses manifestations culturelles estivales, dont les Chorégies, un festival d'art lyrique.

Le centre de la ville est également agréable, avec ses ruelles étroites, ses façades rénovées et ses petites places anciennes.

Orange est un excellent point de départ pour visiter les vignobles situés entre l'Aygues et l'Ouvèze, à l'est, à commencer par Camaret, pittoresque village circulaire entouré de remparts percés de portes et doté de quelques curiosités architecturales (tour carrée sarrasine, maison Becque…). La vigne, cultivée depuis le XIe siècle, donne naissance à des Côtes du Rhône et Côtes du Rhône Villages. Aux alentours, on trouve de nom-

Le majestueux théâtre antique d'Orange.

Le village de Rasteau domine ses coteaux protégés du mistral.

breuses plantations de « pieds mère de porte-greffe », ces plants de vigne d'origine américaine qui servent à constituer la partie racinaire des ceps car ils résistent au phylloxera.

À Jonquières, au cœur de la « plaine des joncs », se trouve le Château de Malijay, dont le dernier seigneur périt sur l'échafaud en 1794. Cet important domaine viticole fait aujourd'hui partie du groupe Listel et accueille régulièrement des concerts et des expositions.

À quelques kilomètres de là, Violès est un paisible village, ancienne propriété foncière de l'abbaye d'Aiguebelle. En 1509, il est donné à bail par l'abbé à quelques familles moyennant un « liard par saumée de vigne ». Leurs descendants exploitent aujourd'hui les terres et élaborent du vin dans les nombreuses caves particulières du village.

De Violès, on peut rejoindre Cairanne en faisant un crochet par Travaillan pour saisir toute l'étendue du Plan de Dieu. Ce vaste plateau, dont le nom fait référence aux nombreuses communautés religieuses établies à proximité dès le renouveau du christianisme, est déjà réputé pour sa qualité au Moyen Âge. Juste retour des choses, il a obtenu en 2005 de l'Institut National des Appellations d'Origine l'accession en Côtes du Rhône Villages Plan de Dieu.

Cairanne est le plus connu et le plus étendu (800 ha) des Côtes du Rhône Villages communaux. Les Romains sont les premiers à planter des vignes avant que les Templiers, puis les Hospitaliers de Saint-Jean-de-Jérusalem ne reprennent le flambeau.

Sur les coteaux argilo-calcaires exposés plein sud, le Mourvèdre mûrit parfaitement et contribue ainsi à élaborer des vins rouges structurés. Sur les terrasses de l'Aygue par contre, les vins sont plus souples et fruités. Cairanne élabore également des vins blancs et rosés.

Du village haut perché où demeurent encore des ves-

Les villages de Cairanne et Roaix sont entourés de vignes.

tiges de remparts, la vue sur les Alpilles au sud, les collines du Gard à l'ouest et le Ventoux à l'est est superbe.

Cairanne dispose de trois chapelles : Notre Dame du Rosaire et de la Vigne avec ses vitraux aux pampres stylisés se courbant sur les plaies du Christ, Notre Dame de l'Excès, élevée après la peste de 1629 et la chapelle Saint-Roch, adossée au rempart, érigée après la grande peste de 1721.

La commune abrite de nombreuses caves particulières et une cave coopérative datant de 1929 qui propose un parcours sensoriel aménagé en sous-sol. Unique en son genre, il permet d'observer, de toucher, d'écouter, de humer et bien sûr goûter le vin. On peut aussi visiter le vignoble en carriole ou à cheval grâce à l'Écurie du Muzet.

La route se poursuit par Rasteau, connu à la fois pour son Côtes du Rhône Villages Rasteau et son vin doux naturel. Là encore, les coteaux exposés plein sud protégés du mistral et la nature des sols favorisent la production de vins à forte personnalité et de bonne garde.

Le Côtes du Rhône Villages Rasteau rouge, produit sur 750 ha, est un vin concentré et tannique aux arômes de fruits très mûrs qui gagne à vieillir quelques années. Le rosé et le blanc sont des vins à boire frais et jeunes, dans les 2 à 3 ans. Quant au vin doux naturel, élaboré en très petite quantité sur un territoire ne dépassant pas 80 ha, il se décline en rouge, avec des arômes de fruits rouges confits et une très grande concentration, ou en doré lorsque la macération est plus courte.

Sur la route de Roaix, un vigneron passionné par l'histoire a créé un musée présentant une collection de plus de 2500 vieux outils, des explications sur la vigne et le vin, une vinothèque de 2000 bouteilles dont certaines, soufflées à la bouche, ont plus d'un siècle d'existence.

Le Côtes du Rhône Villages Roaix ne compte qu'une centaine d'hectares en production. Ce petit terroir situé sur les terrasses caillouteuses de l'Ouvèze donne naissance à des vins rouges souples, fruités et assez peu tanniques, à déguster plutôt jeunes. Les rosés et les blancs sont vifs et frais, avec de subtils arômes de fruits et de fleurs. Le village mérite une visite car il abrite les

Le spectacle reposant de la vigne au printemps.

vestiges de la Commanderie créée par les Templiers au XIIe siècle.

La route continue jusqu'à Vaison-la-Romaine et ses trois « villes » : la ville antique et ses vestiges, son théâtre et son pont ; la ville haute du Moyen Âge et de la Renaissance avec son vieux château, ses rues pentues et enfin la ville moderne, animée et colorée. La cathédrale, témoin d'un art roman remontant aux origines du culte chrétien, atteste de l'ancienneté de la culture de la vigne : une admirable frise de feuilles et de grappes de raisins décore la pierre d'autel en marbre blanc.

Les terribles inondations de 1992 ont marqué pour toujours la ville de Vaison-la-Romaine. Le pont romain a néanmoins résisté aux fureurs de l'Ouvèze, tout comme il avait résisté, en 1944, aux mines allemandes. Outre quelques domaines particuliers, une cave coopérative commercialise la production essentiellement constituée de Côtes du Rhône et Côtes du Rhône Villages.

À proximité de Vaison, on élabore de très élégants Côtes du Rhône et Côtes du Rhône Villages à Saint-Marcellin-les-Vaison, Faucon, Puyméras, Saint-Romain-en-Viennois et Villedieu. Pour preuve que ces terroirs sont très anciens, on a retrouvé à Saint-Marcellin-les-Vaison une statuette de Bacchus en bronze représentant le dieu couronné de pampres et, à Puyméras, les vestiges d'une exploitation romaine.

Puyméras et les communes voisines de Faucon, Saint-Romain-en-Viennois, Mérindol-les-Oliviers et Mollans-sur-Ouvèze ont d'ailleurs obtenu, en 2005, leur accession en Côtes du Rhône Villages Puyméras. Une juste récompense pour ces vignobles qui sont à l'origine de vins fruités aux tanins fondus.

Villedieu et Buisson sont d'anciennes commanderies du Temple où la vigne tient une large place. Villedieu, dominé par un château, dispose d'une confrérie vers 1690. Dissoute à la Révolution, elle est reconstituée en 1989

De nombreuses traditions remontent au Moyen Âge.

sous le nom de Confrérie des Vignerons Saint-Vincent-de-Villedieu.

Buisson fut par ailleurs le siège de nombreuses guerres de religion. Les protestants de Nyons volèrent même la cloche de l'église en 1589 ! Au XVe siècle, le vignoble est reconnu et coté au prix des meilleures terres. Ce sont aujourd'hui d'excellents Côtes du Rhône rouges aux arômes de cassis et de myrtilles. On y élabore également des vins blancs remarquables.

Avant de rejoindre Sainte-Cécile-les-Vignes, le village de Saint-Roman-de-Malegarde (poste de mauvaise garde ?) mérite un détours avec ses rues étroites, escarpées et sinueuses, ses vestiges de remparts et de château. Le vignoble alentours est tout en coteaux.

Sainte-Cécile la Montagnarde devint Sainte-Cécile-les-Vignes en 1920, probablement à cause de la prédominance de la culture de la vigne car on est ici sur la plus importante commune viticole des Côtes du Rhône. L'église présente d'ailleurs de très beaux chapiteaux ornés de grappes, de feuilles et de pampres. Pour l'anecdote, le village s'est opposé, en 1791, au rattachement du comtat Venaissin à la France. C'est aussi là que le baron Le Roy inaugura, en 1955, son propre buste. Ce n'est pas l'original qui trône sur la place de la mairie mais une copie, l'original ayant été volé au cours des années quatre-vingt-dix. On élabore à Sainte-Cécile des Côtes du Rhône fruités et gouleyants, le terroir est d'ailleurs très réputé pour ses Côtes du Rhône primeurs mis en vente dès le troisième jeudi de novembre.

La commune compte deux caves coopératives : la Cécilia, fondée en 1928, dont le caveau Chantecôtes se trouve au centre du village et les Vignerons réunis (1936) créée par ceux qui n'avaient pas voulu s'associer à la création de la Cécilia.

On recence de très anciens domaines comme le Château de Ruth, belle demeure du XVIIIe siècle qui, dès 1808, réalise des expéditions en bouteilles, ou le Domaine de la Présidente dont les vignes sont plantées en 1701 par Lucrèce, épouse de Simon Alexandre, président du Parlement de Provence. Saisi à la Révolution, il conserve néanmoins sa tradition viticole et, au XIXe siècle, expédie ses vins en demi-muids et en tonneaux en France et à l'étranger.

À l'ouest de Sainte-Cécile, un terroir exceptionnel a bénéficié de la reconnaissance officielle de l'INAO en devenant, au cours de l'année 2005, le Côtes du Rhône Villages Massif d'Uchaux. Il comprend les communes de Lagarde-Paréol, Uchaux, Mondragon, Piolenc et une partie de Sérignan.

Lagarde-Paréol marque, comme son nom l'indique,

Piolenc est la capitale de l'ail.

l'emplacement d'un ancien poste de garde. Resserré autour d'une colline, le village offre une vue imprenable sur les vallées de l'Eygue et du Lez.

Sérignan est le pays du naturaliste Jean-Henri Fabre qui se fait connaître, au début du siècle, pour ses *Souvenirs entomologistes*. C'est aussi un encyclopédiste doté de connaissances très vastes, de la philosophie à l'astronomie en passant par l'histoire. Sa maison, l'Harmas, a été transformée en un musée dans lequel sont conservés des trésors : dessins, publications, herbiers, minéraux, insectes, coquillages et fossiles.

De Sérignan, on peut traverser le massif d'Uchaux en direction de Bollène. Les parcelles de vigne côtoient les bois de pins dans ce site où les hameaux se succèdent : La Galle, Hauteville, les Farjons… La Galle conserve les vestiges d'un vieux château ravagé durant les guerres de religion. Avant de rejoindre Bollène, petite ville au charme provençal, on peut se rendre sur le plateau du Barry pour visiter des maisons troglodytes.

Situé sur la voie Agrippa, entre Arles et Lyon, Bollène dispose de nombreux gisements d'argile utilisés pour fabriquer des matériaux réfractaires. Une halte s'impose ensuite à Mondragon (*mons dragonis*), un village médiéval dont les bords du Rhône, selon la légende, auraient été hantés par un dragon habitant la falaise.

À quelques kilomètres, le village Mornas s'étale avec ses remparts et ses deux portes fortifiées crénelées au pied d'une falaise abrupte dominant le Rhône. On y élabore uniquement du Côtes du Rhône régional. Construite sur la falaise par les comtes de Toulouse pour contrôler la Vallée du Rhône, la forteresse rappelle les terribles heures des guerres de religion. Aux mains des catholiques, elle est en effet conquise par le baron des Adrets qui fait précipiter tous les habitants dans le vide.

La route se termine par Piolenc, pays du vin et de… l'ail dont les terroirs sableux sont riches en fossiles et en lignite. À noter sur le domaine du Château Simian un très intéressant musée de la Nationale 7 qui, de Paris à Menton, a fait rêver bien des Français. Voitures crapaud, plaques émaillées, affiches, vieux solex… témoignent de cette longue histoire.

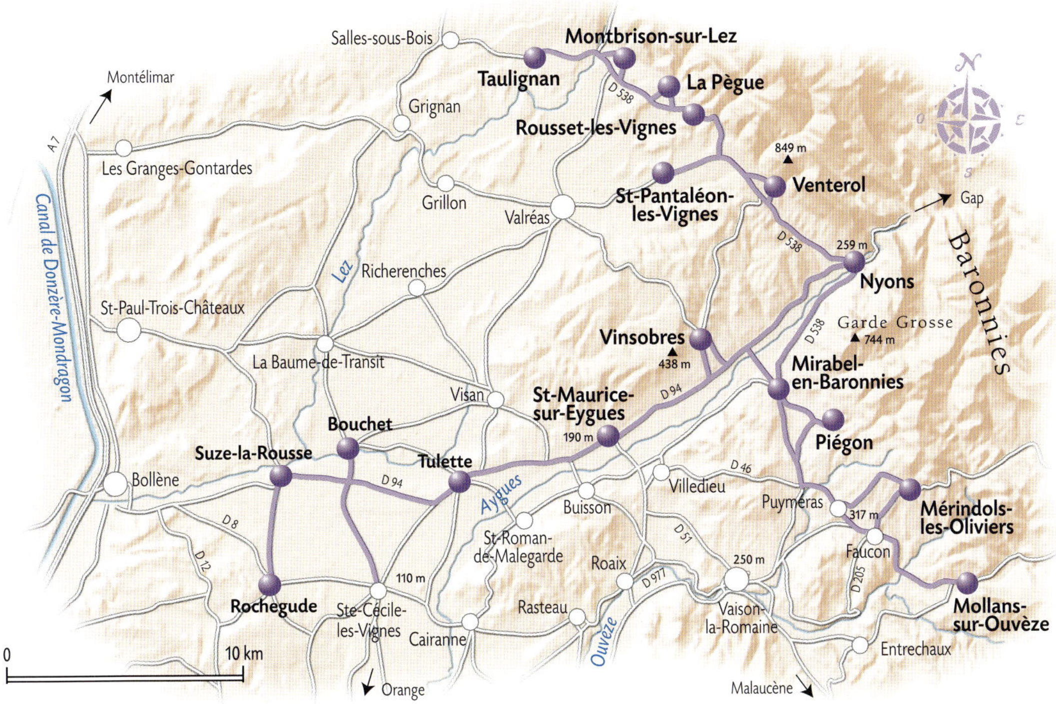

Balade en Drôme provençale (route Mauve)

Pour ce voyage en Drôme provençale, rendez-vous à Rochegude dont le vin est déjà apprécié des Romains. Le décret de l'empereur Domitien y fait d'ailleurs allusion. Au XVIIIe siècle, le marquis d'Aquéria, seigneur du lieu, importe d'Espagne des plants de vigne (notamment du « tinto » qui désigne le Mourvèdre et le Grenache) qui amélioreront sensiblement la qualité des vins. On dit aussi qu'à la même époque, sur la recommandation du jeune Thomas Jefferson, le président des États-Unis Georges Washington goûte au vins de Rochegude.

En haut du village domine le Château de Rochegude, aujourd'hui hôtel restaurant de grand luxe. La vue sur les vallées de l'Aygue et du Tricastin est majestueuse.

Le Côtes du Rhône Villages Rochegude rouge est un vin souple et chaleureux, avec des arômes de fruits noirs. On produit aussi des rosés puissants et des blancs floraux et frais.

Au nord de Rochegude, direction Suze-la-Rousse, un joli bourg aux belles demeures Renaissance construites en pierre « rousse » du pays. Selon la légende, le nom aurait été donné en souvenir de Marguerite de Baux, dite la « Rousse ».

Importante commune viticole, Suze-la-Rousse est surtout connue pour son château. Cette forteresse médiévale du XIIe siècle perchée sur un éperon rocheux abrupt domine tout l'horizon. En 1564, Catherine de Médicis y est reçue avec Charles IX, duc d'Anjou, et la future reine Margot par le comte François de la Labaume.

En 1587, blessé à mort lors d'un combat avec sa jument, ce dernier aurait prononcé cette phrase devenue célèbre : « Allons la grise, allons mourir à Suze ».

Transformée en demeure d'agrément à la Renaissance, elle est ouverte aux visiteurs tout en abritant une université du Vin depuis 1978.

La floraison des cerisiers annonce le printemps.

Page de gauche : Le Château de Rochegude est un hôtel-restaurant de luxe.

L'imposant château médiéval de Suze la Rousse.

Centre d'enseignement pour étudiants et adultes en formation professionnelle, l'université décerne des diplômes de troisième cycle en droit de la vigne et du vin, mais aussi des diplômes en marketing du vin, sommelier conseil… Elle propose au grand public des week-ends d'initiation à la dégustation ainsi que des stages de cuisine et de gastronomie.

C'est aussi un centre de recherche en agronomie et œnologie avec des laboratoires d'analyses très performants. L'université dispose enfin d'une importante bibliothèque spécialisée.

Devant le château se dresse le jardin des Vignes Henri Michel qui regroupe tous les cépages de la Vallée du Rhône.

Avant de continuer vers Tulette, on peut faire un détour par Bouchet. Ce joli village possède une vieille église romane et une abbaye fondée par une princesse d'Orange pour des religieuses bénédictines.

Nyons est le pays des oliviers.

Le village de Vinsobres est perché sur un piton rocheux.

Le siège de la plus importante union de producteurs des Côtes du Rhône est situé à Tulette, un bourg datant de 998, fief des comtes de Provence, où l'on cultive la vigne depuis toujours. Le Cellier des Dauphins, à la sortie du village, dispose d'imposants bâtiments abritant d'immenses chaînes d'embouteillages, des cuves de stockage… Car le principe de cette union, créée en 1965, est de commercialiser en bouteilles le vin de ses caves coopératives adhérentes. C'est aujourd'hui la première marque d'appellation d'origine contrôlée en France. Chaque année, le village de Tulette fête la sortie du Côtes du Rhône primeur, le troisième samedi de novembre en reconstituant la vie du village au XIXe siècle. Un jeune enfant est baptisé à cette occasion « Vincent du Roure » et devient l'ambassadeur du village pour un an.

En poursuivant la route vers l'est, on arrive à Saint-Maurice-sur-Eygues, planté en vignes dès l'époque romaine et, comme à Rochegude, réputé au XVIIIe siècle grâce à l'introduction des cépages espagnols. Le vignoble d'environ 150 ha (comme Rochegude) est essentiellement situé sur des coteaux abrités du mistral à une altitude variant de 200 à 320 m. Les Côtes du Villages Saint Maurice rouges sont colorés et charpentés, les vignerons les font souvent vieillir en fût de chêne pour leur donner un bon potentiel de garde. Les rosés sont frais et fruités et les rares blancs élégants et raffinés.

La route mène ensuite à Vinsobres, un village perché sur une colline qui recèle de nombreux vestiges romains (monnaies, mosaïques, tombeaux, amphores vinaires…).

Même si la vigne est présente depuis bien longtemps, comme en attestent les propos de monseigneur Jean-Marie de Suarès, évêque de Vaison en 1633 (« Vin sobre ou sobre vin, prenez-le sobrement »), le vignoble se développe véritablement après le grand gel des oliviers de 1956. Il couvre aujourd'hui près de 650 ha.

Saint-Pantaléon-les-Vignes est protégé du mistral par le relief.

Essentiellement situé en coteaux, le terroir donne naissance à des Côtes du Rhône Villages rouges puissants et longs en bouche. Les vignerons ont d'ailleurs fait une demande pour accéder au statut d'appellation locale avec de nombreuses chances de succès. On trouve également des vins rosés agréables et quelques rares blancs aux arômes de fruits exotiques.

Avant de rejoindre Nyons, une escapade vers le sud permet de découvrir les vignobles de Mirabel-aux-Baronnies, Piégon, Mérindol-les-Oliviers et Mollans-sur-Ouvèze.

Dans ces paysages au relief tourmenté et aux villages perchés, la vigne s'est développée sur les coteaux, souvent en harmonie avec les oliviers. Églises et chapelles romanes enrichissent souvent ces petits bourgs. Traversé par le Toulourenc, le village médiéval de Mollans est probablement le plus étonnant avec ses rues étroites et la roche qui affleure au milieu des maisons. Au Moyen Âge, le seigneur applique un droit de banvin, c'est-à-dire qu'il s'octroie le droit de vendre en priorité son vin pendant 8 jours en avril et 8 jours en septembre !

Après ce détour dans la montagne, retour à Nyons la douce où le mistral ne souffle… jamais ! Seul un petit vent d'origine alpestre, le pontias, rafraîchit l'air et contribue ainsi à la pureté de l'air et à la luminosité du ciel en toute saison.

« Nyons me paraît être le paradis terrestre » écrit d'ailleurs Jean Giono. Il faut dire que cette petite ville bénéficie de nombreux atouts : un centre animé et pittoresque avec la place des Arcs, la maison du Roi, la tour de l'Horloge, la tour Randonne sur laquelle veille la statue de Notre-Dame-de-Bon-Secours et un vieux pont datant de 1314 qui a résisté aux crues de l'Eygues. C'est aussi le pays de l'écrivain de science fiction René Barjavel. Côté produits locaux, Nyons est tout aussi réputé pour son Côtes du Rhône Villages que pour ses oli-

Rousset-les-Vignes, accroché à la montagne de la Lance.

ves, ses abricots, ses cerises…. D'ailleurs, la cave coopérative présente l'originalité de produire des Côtes du Rhône et Côtes du Rhône Villages, du vin de pays des Coteaux des Baronnies, mais aussi des olives et de l'huile d'olives A.O.C. Nyons. Un musée de l'olivier a d'ailleurs vu le jour récemment.

En se rendant à Venterol, plus au nord, on peut admirer les belles couleurs du paysage : fleurs roses et nacrées des abricotiers à Pâques, rousses à l'automne, feuilles gris argenté des oliviers, notes blanches des cerisiers au printemps, odeur sucrée des genêts dorés et des tilleurs au début de l'été…

Le petit village de Venterol présente des maisons à flanc de coteau, de vieilles rues étroites, des passages voûtés et des escaliers. Autrefois, on exploitait ici une source minérale purgative dite du « Trou d'Eybelle ».

La route mène à Saint-Pantaléon-les-Vignes et Rousset-les-Vignes, deux minuscules Côtes du Rhône Villages communaux d'une soixantaine d'hectares chacun.

Protégés du mistral par le relief, ces villages datent de l'époque romaine et possèdent une très ancienne tradition viticole. C'est d'ailleurs sur décision du conseil municipal que Saint-Pantaléon, un nom donné par les habitants au village en 390 pour se prémunir des maladies pestilentielles, se vit adjoindre « les Vignes », en 1918.

Accroché à la montagne de la Lance, Rousset (qui vient de rocher) est dominé par un château Renaissance qui appartenait à la Maison de Poitiers.

Pour mieux découvrir le terroir, les vignerons ont tracé des sentiers de découverte et édité un petit livret explicatif sur l'histoire de ces deux villages, tour à tour amis puis ennemis, la culture de la vigne, les cépages, la faune et la flore, les sols, les vignerons…

Les vins rouges ont de belles robes profondes, des tanins souples et fondus qui témoignent d'une véritable finesse. Ce sont des vins de bonne garde. On trouve quelques rosés à Saint-Pantaléon, mais aucun blanc.

Enfin, la route continue par les petits villages de Le Pègue puis Montbrison-sur-Lez (mont brisé) et ses beaux hôtels particuliers. Le petit bourg de Taulignan, avec ses rues aux passages voûtés et ses onze tours reliées par des courtines, termine cette belle route de la Drôme provençale.

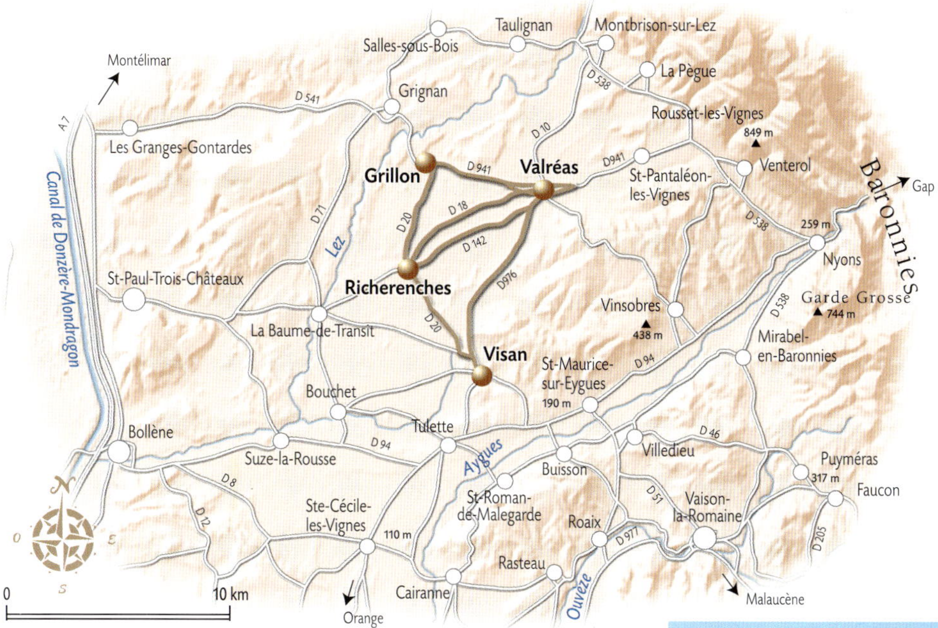

Incursion dans l'Enclave des Papes (route Sépia)

Curiosité administrative, l'Enclave des Papes est un canton du département de Vaucluse entièrement enclavé dans la Drôme. C'est bien sûr l'appartenance de ce territoire au comtat Venaissin qui est à l'origine de cette situation.

La route Sépia démarre donc à Visan, une ancienne propriété des Templiers qui devint terre papale. Sur l'un des arceaux du cœur de la chapelle Notre-Dame-des-Vignes (XIIIe siècle), une inscription témoigne de l'ancienneté de la culture de la vigne : *Posuerunt me custodem in vinae* (Ils m'ont placée là, gardienne de leur vigne).

La cave coopérative tient une place prédominante dans la production du Côtes du Rhône Villages Visan étendu sur 380 ha. Fondée en 1937, elle possède plusieurs chais dispersés dans le village. Particulièrement exigeante sur la qualité, elle élabore des vins conformes à l'appellation : vins rouges riches et élégants, de bonne garde, avec

La Chapelle Notre-Dame-des-Vignes à Visan.

Vignoble de Valréas.

Les jolies ruelles du village de Visan.

beaucoup de complexité dans les arômes, vins rosés légèrement poivrés et blancs fruités. De nombreuses manifestations viticoles ont lieu à Visan en présence de la confrérie Saint-Vincent. En été par exemple, lors de la fête des vins, on libère la cuvée du Marot, une cuvée sélectionnée et emmurée un an auparavant dans les caves du château.

La route se poursuit par Valréas, un autre Côtes du Rhône Villages communal un peu moins étendu que Visan. On dit que le vin de Valréas aurait soigné le pape Jean XXII, fort malade et que cela l'aurait décidé à acheter cette cité au dauphin du Viennois. Au XVIIIe siècle, le cardinal de Maury, archevêque de Paris, vante le vin de cette charmante cité qui fut le siège de nombreux conflits durant les guerres de religion : « Pour voir la vie en rose, il faut la mirer dans un verre de Valréas » écrit-il.

Chaque année, lors du solstice d'été, on fête la nuit du petit Saint-Jean depuis le Moyen Âge. Trois cents personnages en costume défilent dans les rues en portant sur une litière un petit enfant blond, un agneau à ses pieds. Dans la cour de l'hôtel de Simiane, il est dûment intronisé, lève la main et bénit la foule qui l'acclame. Il devient alors, pour un an, le protecteur de la cité. Durement touché par la fermeture des traditionnelles industries du cartonnage et de l'imprimerie, Valréas possède heureusement un grand vignoble que les vignerons ont à cœur de valoriser au mieux. Citons au passage le Domaine de la Prévosse, site habité depuis l'Antiquité et déjà mentionné au XVIe siècle pour son vin.

Les Côtes du Rhône Villages Valréas rouges sont ronds et bien équilibrés, à classer dans la catégorie des vins aromatiques et fins. On trouve également de très bons rosés fruités et acidulés et quelques blancs vifs et aromatiques.

Avant d'arriver au terme de la balade, une halte à Grillon permet d'admirer ce joli bourg médiéval et sa vieille horloge posée sur une antique tour de guet. La région est riche en nombreuses grottes et cavités. Enfin, Richerenches, ancienne commanderie des Templiers, a conservé son mur d'enceinte et ses quatre tours de défense ainsi que ses constructions disposées en damier.

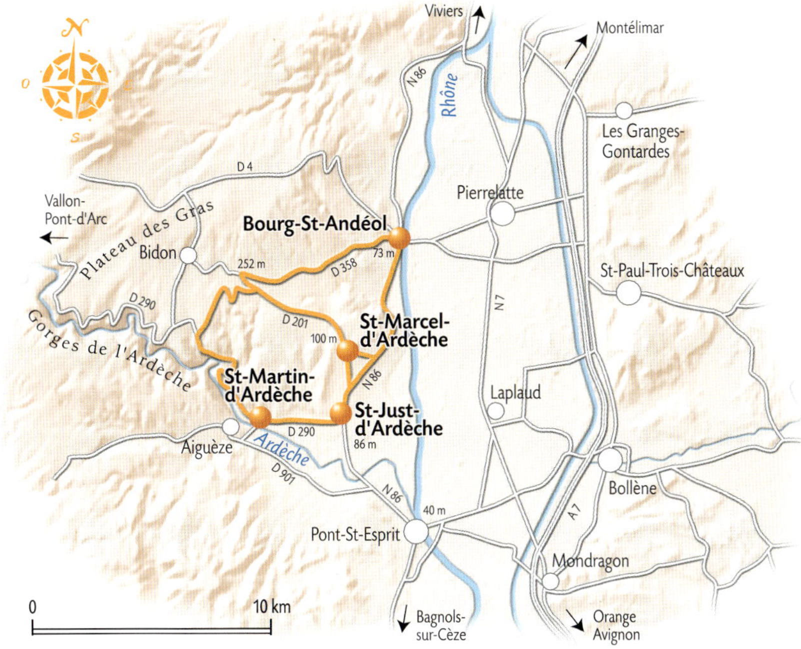

Les belles façades de Bourg-Saint-Andéol.

Excursion en Ardèche (route Corail)

La route Corail débute à Bourg-Saint-Andéol, vieille cité où l'on immole, dans les temps anciens, un taureau en l'honneur du soleil. Saint-Andéol, pour avoir prêché contre ce culte païen, est condamné à mort par l'empereur Sévère et jeté dans le Rhône. C'est aussi là qu'en présence de Georges Sand, Alfred de Musset croque Stendhal esquissant quelques pas de danse avec une serveuse. Le vin de Bourg-Saint-Andéol n'est peut-être pas étranger à cet étrange ballet.

Avant de poursuivre la route, on peut faire une excursion au village de Saint-Montan, au nord de Bourg, pour admirer les ruines de la citadelle féodale en pleine restauration, le vieux bourg avec ses maisons entassées, ses ruelles tortueuses et ses passages voûtés. C'est le pays des Côtes du Vivarais, une appellation d'origine contrôlée consacrée très récemment, qui a vu naître le célèbre agronome du XVIe siècle Olivier de Serres, auteur *du Théâtre de l'Agriculture*. Sur ce terroir tempéré et frais, déjà remar-

Le vignoble de Saint-Marcel-d'Ardèche.

Dans l'attente d'une bonne soupe…

qué par Pline l'Ancien, entre Vallée du Rhône et Cévennes, on élabore d'excellents vins rouges, rosés et blancs. La visite de Viviers, cité épiscopale, véritable musée d'architecture à ciel ouvert, aujourd'hui capitale du Vivarais, est vivement recommandée.

Retour dans les Côtes du Rhône avec une halte à Saint-Marcel-d'Ardèche où l'on peut visiter une grotte classée au patrimoine national. Découverte en 1835 par un chasseur d'Aiguèze, elle est réputée pour ses bassins en calcite.

La vigne est cultivée depuis longtemps, à tel point que certains lieux-dits parlent d'eux-mêmes comme la « Combe du bon vin ». Soumis aux caprices de l'Ardèche, les habitants de Saint-Marcel ont, par le passé, été surnommés les « trempe culs » ! Avec un débit pouvant passer de 2,5 à 7000 m^3/h en quelques heures, les coups de l'Ardèche sont en effet redoutables. À Saint-Just-d'Ardèche, la route nationale suit une ancienne voie romaine. Témoin de la qualité du terroir, on conserve avec soin un arrêt datant de 1541 interdisant de « faire paître le bétail dans les vignes ». Enfin, à Saint-Martin-d'Ardèche se terminent les hautes falaises des gorges qu'il vaut mieux parcourir de Vallon-Pont-d'Arc à Saint-Martin. Dans ce sens, la route présente des espaces pour s'arrêter sur les nombreux belvédères du parcours, dominant le paysage à plus de 200 m d'altitude. La rivière a creusé la roche et s'est frayé un passage dans les assises calcaires du plateau déjà attaqué par les eaux souterraines. C'est le paradis du canoë mais aussi des randonneurs, des amateurs de châtaignes et amoureux de la nature. Rappelons enfin que l'Ardèche abrite la grotte Chauvet (-30 000 ans), qui est la plus ancienne grotte ornée du monde, malheureusement fermée au public.

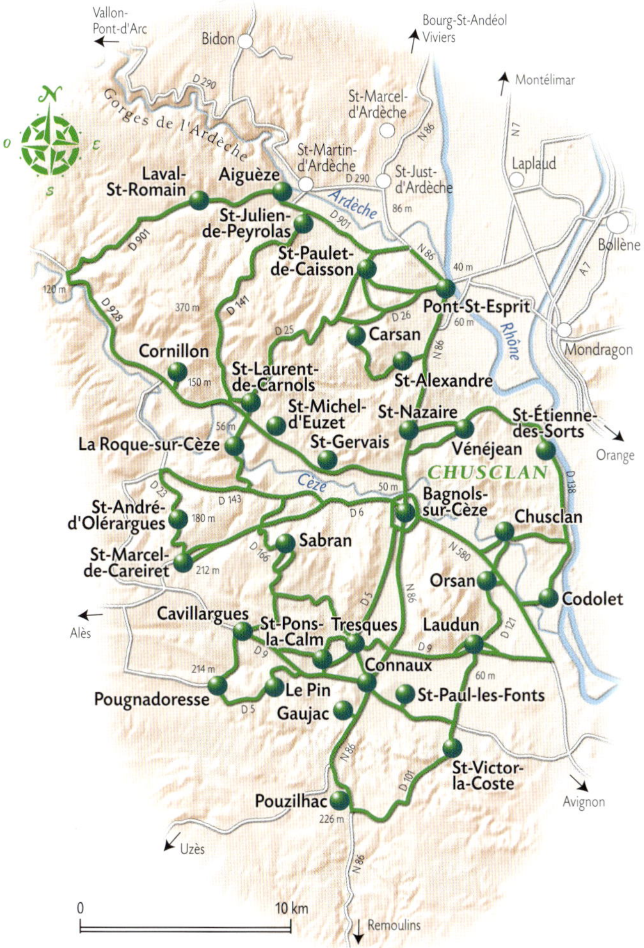

Sur la route de la Côte du Rhône gardoise (route Émeraude)

La route Émeraude parcourt le nord du Gard rhodanien autour de Bagnols-sur-Cèze, sa capitale économique. Rendez-vous donc dans cette ancienne cité de la colonie romaine de Nîmes, dont le nom fait référence à des thermes exploitant d'anciennes sources d'eaux sulfureuses. Elles disparaissent au XVIIe siècle à la suite d'un éboulement. Le centre ancien compte de très belles demeures anciennes et un musée d'art moderne réputé avec des peintures de Monet, Renoir, Signac, Bonnaud…

La Chartreuse de Valbonne est une abbaye du XIIIe siècle.

De Bagnols, on rejoint Pont-Saint-Esprit en passant par Saint-Nazaire et Saint-Alexandre, de très anciens villages viticoles aujourd'hui grignotés par les industries.

À Pont-Saint-Esprit, il faut admirer le premier pont de pierre construit sur le Rhône. Long de 1 km, il fut construit entre 1265 et 1307 avec l'aide, dit-on, de l'Esprit Saint qui prêta main forte aux compagnons maçons et aux apôtres. La ville devint également un relais pour les pèlerins en route pour Saint-Jacques-de-Compostelle.

« La Provence apparaît car son entrée, c'est le Pont-Saint-Esprit avec ses piles et ses vingt arcs superbes qui se courbent en guide de couronne sur le Rhône » écrit Frédéric Mistral dans *Le Poème du Rhône* en 1897. Petite cité négociante avec de belles demeures, ancienne cité marinière, Pont-Saint-Esprit fournit en vin la cour des papes d'Avignon, de Benoît XII à Urbain V. C'est dire la bonne réputation du vignoble qui perdure encore aujourd'hui.

Le relief permet de s'abriter du mistral.

Au musée municipal, on peut voir une « glacière », véritable ancêtre du congélateur. Cette pyramide inversée et tronquée s'enfonce dans le sol. Elle servait à conserver la neige du Ventoux pour rafraîchir les boissons et fabriquer des sorbets.

De Pont, on peut se rendre à Aiguèze en flânant sur les routes de Carsan, Saint-Paulet-de-Caisson et Saint-Julien-de-Peyrolas dans un paysage de pins, de chênes verts et d'arbousiers où la vigne occupe les meilleurs terrains. Ces communes ont rejoint très récemment l'appellation Côtes du Rhône, après des années d'attente. Les vignerons n'en sont que plus motivés à élaborer des vins de qualité faisant honneur à l'appellation. Non loin de Carsan, au cœur d'une épaisse forêt, apparaît la Chartreuse de Valbonne, une abbaye datant de 1203, reconstruite au XVIIe siècle. Ce long bâtiment flanqué de tourelles de style provençal possède des tuiles de bois vernissées multicolores qui rappellent la… Bourgogne !

Aiguèze est un village médiéval construit en bord de falaise. Vers l'église, un passage creusé à travers le roc conduit à un ancien chemin de ronde du château féodal. De là, la vue sur l'Ardèche et le village de Saint-Martin est splendide. La route se poursuit par Laval-Saint-Roman jusqu'au village de Cornillon, fief de la famille Beaufort, qui donna deux papes à la cour d'Avignon : Clément VI et Grégoire XI. Dans ce bourg aux ruelles étonnantes et aux vieilles maisons, on cultive la vigne depuis si longtemps que déjà, au XIVe siècle, la distinction est faite entre verjus, vin cuit et vin claret. Non loin de là, Goudargues, la « petite Venise gardoise » offre ses canaux et petits ponts pour une pause pleine de fraîcheur sous les gigantesques platanes.

Après une halte à Saint-Laurent-de-Carnols et Saint-Michel-d'Euzet, petits villages à flanc de coteaux couverts de vignes, on arrive sur le terroir du Côtes du Rhône Villages Saint-Gervais qui ne dépasse pas une centaine d'hectares. La vigne, implantée sur les pentes et le plateau caillouteux, produit d'excellents vins blancs, de très bons rosés et des rouges subtils et fins, avec néanmoins une bonne structure qui permet de les conserver assez longtemps.

Saint-Gervais s'est spécialisé dans la culture de la vigne après le phylloxera. Mais le vignoble remonte à l'époque

Dans cette région chaude, les ombrages ne manquent pas.

romaine, on dit que l'église recouvrirait d'ailleurs un temple dédié à Jupiter. On trouve même, sur les hauteurs du village, les traces d'un habitat datant du néolithique.

De Saint-Gervais, on revient sur ses pas pour rejoindre la Roque-sur-Cèze en traversant le pont antique en dos d'âne à 13 arches et une seule voie, qui a résisté aux crues de la Cèze. Poste de guet dominant la vallée, La Roque-sur-Cèze est connue pour ses cascades et marmites du Sautadet, bien agréables en été, mais parfois fort dangereuses.

La balade se poursuit par Saint-André-d'Olérargues et Saint-Marcel-de-Careiret. À Sabran, qui porte le nom d'une illustre famille ayant donné naissance à des empereurs, des rois, des ducs et des comtes qui ont régné sur toute l'Europe, le belvédère offre une vue sur les Cévennes, les pré-Alpes et la Vallée du Rhône.

La route se poursuit par Cavillargues et ses vestiges romains (voie antique, débris d'un aqueduc...), Pougnadoresse, un village en pente aux demeures pittoresques et Le Pin, minuscule bourg occupé depuis la préhistoire. Les voyageurs s'y rafraîchissaient au puits, à l'ombre d'un... pin !

À Saint-Pons-la-Calm, on conserve précieusement les documents indiquant qu'à la demande du gouvernement, les vignerons firent un don de vin aux soldats de la première guerre mondiale.

Il faut ensuite se perdre dans les villages de Tresques, Connaux, Saint-Paul-les-Fonts, Gaujac, Pouzilhac... habités dès l'époque romaine comme en témoignent les nombreux vestiges retrouvés dans les terres (amphores, vases, monnaies...), fortement peuplés au Moyen Âge, offrant aujourd'hui d'étroites ruelles et de très belles maisons en pierre.

On arrive alors à Saint-Victor-la-Coste, sur le territoire du Côtes du Rhône Villages Laudun qui comprend également les communes de Tresques et bien sûr Laudun pour un total dépassant 400 ha.

Saint-Victor fut le centre des biens des seigneurs de Sabran. Ce beau village ancien possède un castelas et son église est bâtie contre un rempart.

Laudun abrite, outre une église gothique du XIVe siècle, le camp de César, un vaste *oppidum* romain surveillant une partie de la Vallée du Rhône. Dès 1375, les

Le château de Gicon.

Le vignoble de Chusclan dans le Gard.

vins de la région approvisionnent le cellier pontifical. Olivier de Serres en fait d'ailleurs l'éloge dans son *Théâtre de l'Agriculture*. Juste avant la Révolution, c'est l'unique produit qui rapporte de l'argent au pays. Sur les sols argileux de galets roulés, on élabore des vins rouges riches et concentrés et sur les coteaux sableux, des vins plus légers et d'excellents rosés. Enfin, les sols calcaires sont à l'origine de vins blancs gras et aromatiques, parmi les meilleurs des Côtes du Rhône.

Une légende rapportée par les poètes provençaux dit que tous les 24 juin à Laudun, une chèvre d'or apparaît entourée de flammes dans un gouffre profond. Un rite primitif du culte solaire du solstice d'été serait à l'origine de cette croyance.

De Laudun, on peut rejoindre Orsan et arriver ainsi sur le terroir du Côtes du Rhône Villages Chusclan qui, outre ces deux communes, inclut également Codolet, Saint-Étienne-des-Sorts et Bagnols-sur-Cèze (360 ha au total).

Au XIVe siècle, Codolet est le siège de la contrebande du sel venant du comtat Venaissin ou de la principauté d'Orange. On y trouve aussi des chercheurs d'or à la recherche du métal précieux dans le… Rhône !

Chusclan est un joli bourg au pied du belvédère de la Dent de Marcoule. À proximité se trouve le Château de Gicon, du nom d'un seigneur parti en croisade pour faire pénitence, aujourd'hui restauré par les vignerons. Enfin, la légende dit que le nom de Saint-Étienne-des-Sorts fut tiré à la courte paille entre Saint-Pierre (nom d'une vieille chapelle) et Saint-Étienne (patron de la commune).

Les vins de cette région sont à l'origine du nom Côtes du Rhône qu'on emploie au singulier au XVIIIe siècle (la Côte du Rhône étant la côte qui borde le Rhône). Les tonneaux marqués au feu des lettres CDR par ordonnance royale datée de 1737 alimentent alors les cours royales d'Europe. En 1629, les consuls offrent quatre tonneaux de vin blanc de Chusclan pour honorer le roi Louis XIII, de passage à Pont-Saint-Esprit.

La région a payé un lourd tribu au phylloxera. Le vignoble renaît, mais la région ne peut se passer, dans les années cinquante, de l'activité et des emplois générés par la toute jeune industrie nucléaire. Le centre de Marcoule entraîne dans son sillage de nombreuses usines et entreprises qui empiètent sur le vignoble, tout en contribuant à sa prospérité. Aujourd'hui, il reprend peu à peu ses droits sur les industries.

Le Côtes du Rhône Villages Chusclan fut longtemps le royaume du rosé, notamment sur les sols argilo-sableux. Les vignerons mettent aujourd'hui en valeur les terroirs de coteaux et les terrasses de galets roulés pour élaborer des vins rouges colorés, puissants et concentrés.

Enfin, la balade se termine par Vénéjan, le pays aux trois chapelles : Saint-Jean, Saint-Pierre et Saint-Georges. Déjà soucieux de la qualité de leur vin, les vignerons se plaignent, au XVIIe siècle, de la fumée et de l'odeur du charbon servant au fonctionnement des fours à chaux qui perturbent les vendanges !

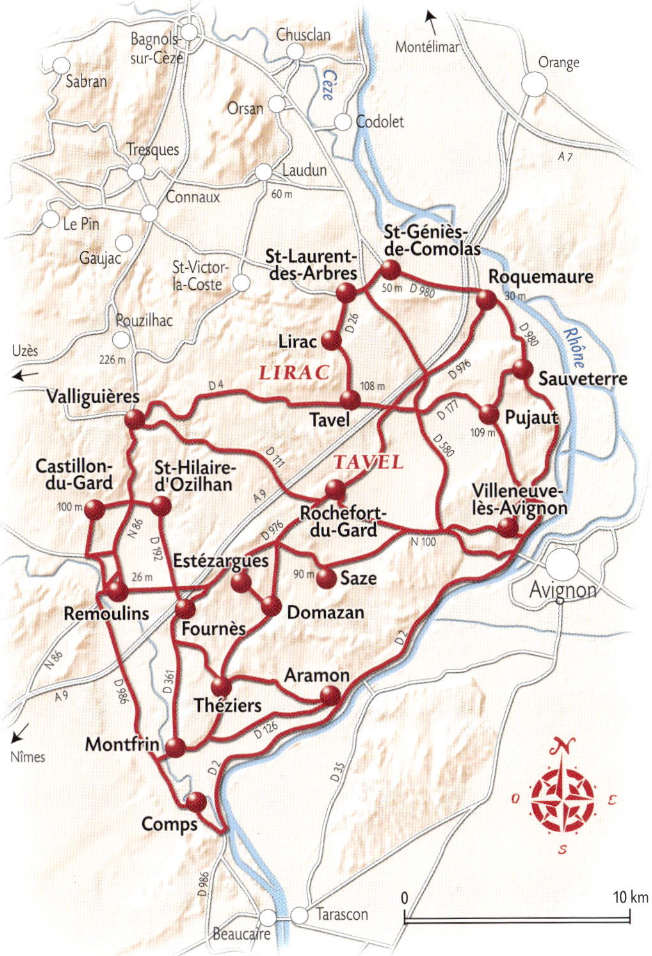

L'Académie du vin et du goût à Roquemaure.

Les Côtes du Rhône, côté Rive droite (route Pourpre)

La route Pourpre débute par Villeneuve-les-Avignon, face à Avignon, sur la rive droite du Rhône. Cette belle cité offre de nombreux monuments à visiter, à commencer par la Chartreuse du Val de la Bénédiction. Grands propriétaires fonciers, ses moines asséchèrent les étangs alentours pour y cultiver la vigne et d'autres produits agricoles.

La tour Philippe le Bel marquait l'arrivée du pont d'Avignon et la frontière du royaume de France. On peut aussi visiter le fort Saint-André, la très belle collégiale… Lieu de production par les moines et de consommation par les cardinaux, Villeneuve fait aujourd'hui partie de l'aire d'appellation Côtes du Rhône.

À quelques kilomètres, Pujaut (Puy Haut) produit du vin depuis le Moyen Âge, notamment pour le compte des moines de la Chartreuse de Villeneuve. Sauveterre est une petite ville autrefois décimée par les brigands et surtout par la peste de 1348. Son histoire est liée à celle de Roquemaure (*roca maura*) qui tire son nom d'une roche noire qui supporte la ruine du château. Poste de vigie du royaume de France surveillant le Rhône, face à la tour de l'Hers élevée sur la rive du comtat et du Saint Empire, c'est à Roquemaure que meurt, en 1314, le premier pape d'Avignon : Clément V. Mais c'est surtout du port de Roquemaure que partent au XVIIIe siècle les bateaux char-

Le Fort Saint-André à Villeneuve-les-Avignon.

gés de vins de la Côte du Rhône gardoise, vers Paris, l'Angleterre ou la Hollande. Pour protéger la vigne du phylloxera, les vignerons de Roquemaure achètent les reliques de saint Valentin en 1868. C'est pourquoi on célèbre chaque année en grandes pompes le 14 février, fête des amoureux. Roquemaure fait partie de l'aire d'appellation Lirac, tout comme Saint-Geniès-de-Comolas, qui dispose d'une (rare) église fortifiée, Saint-Laurent-des-Arbres et Lirac.

Saint-Laurent-des-Arbres est une ancienne possession des évêques d'Avignon. La tour fortifiée du village ou tour Ribas date du XIIe. L'archevêque d'Avignon y possédait sa propre vigne, ce qui démontre la bonne réputation du vin. D'ailleurs, en 1789, les paysans réclament dans les cahiers de doléance des mesures pour empêcher les fraudes et les mélanges de vins.

Sur le terroir de l'appellation Lirac (près de 700 ha), le Rhône a plusieurs fois changé de lit. On dénombre trois secteurs bien distincts : des sols de terrasses rouges à galets roulés, des sols loessiques et des sols sableux squelettiques. Longtemps, les vignerons ont privilégié les vins rosés, négligeant le potentiel de l'appellation à produire des rouges de très grande qualité. Aujourd'hui, Lirac est davantage réputé pour ses rouges charpentés et généreux, tout en élégance. Les blancs sont frais et floraux.

Non loin de là, on entre au royaume du plus ancien rosé de France : Tavel. Si son histoire est liée à celui de la Côte du Rhône gardoise, Tavel possède une antériorité bien supérieure puisqu'on a retrouvé des documents évoquant une transaction de vignes entre l'évêque et le vicomte de Béziers datant de… 897 ! On y a également découvert des pépins datant du début de notre ère ! C'était le vin favori du roi Philippe le Bel et les papes d'Avignon l'appréciaient particulièrement.

D'ailleurs, dans une lettre datant de 1765, le cardinal de Rossi, basé à Rome, demande à l'archevêque d'Avignon de lui envoyer du Tavel, « meilleur encore que le vin de Bourgogne ». On sait qu'au début du XIXe siècle, les vins de Tavel sont déjà cuvés moins longtemps que les autres. Tavel est donc incontestablement le « premier rosé de France ». Situé sur près de 1000 ha au sud de la grande faille qui sépare les collines gréso-calcaires

Le village de Lirac est au cœur de l'appellation du même nom.

du vaste plateau calcaire des Gardons, le terroir présente des sols d'argile rouge recouverts de cailloux calcaires à l'ouest et des formation plus sableuses à l'est, dont une haute terrasse villafranchienne de galets roulés.

Le rosé de Tavel offre une couleur rosée très pure et des arômes complexes de fruits rouges, évoluant vers des notes de fruits à noyau et amande grillée. En bouche, il est épicé et s'harmonise très bien avec les plats méridionaux, mais aussi la cuisine asiatique. Contrairement à la plupart des rosés, ce grand vin au réel potentiel qualitatif peut vieillir quelques années.

La route se poursuit par Valliguières (val de l'eau) dont le sommet est occupé par une haute muraille qui enserrait le bourg primitif et Castillon du Gard, un village féodal haut perché, lieu de surveillance de la plaine et du pont du Gard. Au XVIe siècle, la renommée des vins est égale à celle de Tavel, Lirac ou Chusclan. Les maisons romanes avec leurs porches arrondis, les ruelles et les antiques demeures de pierre rousse méritent une visite.

Saint-Hilaire-d'Ozilhan est une autre commune viticole très importante des Côtes du Rhône Villages. Une légende dit que pour Noël, les jeunes gens capturaient un oisillon pour l'offrir au prêtre, d'où le nom d'Ozilhan.

De Remoulins, on peut rejoindre facilement le célèbre pont du Gard, cet aqueduc du Ier siècle qui acheminait l'eau à Nîmes. Les hommes qui l'ont bâti ont du hisser, à plus de 40 mètres, des blocs colossaux pesant 6 à 8 tonnes. Le site a été aménagé et offre des points de restauration et des expositions très intéressantes.

En s'éloignant de la route Pourpre, on peut faire une halte à Uzès, premier duché de France sous Charles IX, avec sa place aux Herbes entourée d'arceaux, ses boulevards ombragés, ses ruelles médiévales et ses belles demeures. Le drap, la serge et la soie firent la richesse de cette ville qu'affectionnaient Jean Racine et André Gide.

Retour dans les Côtes du Rhône avec Fournès, un bourg perché sur un monticule, paradis des paléontologues pour ses îlots d'argile torturés par les eaux de ruissellement. Ces fosses servaient aux Romains à fabriquer des tuiles et des poteries.

La richesse de Montfrin réside dans ses nombreux trésors : donjon féodal, château, église avec façade ornée

L'imposant lavoir du village de Tavel.

Page de gauche : Le célèbre pont du Gard conduisait l'eau à Nîmes.

d'animaux fantastiques… Les moines soldats de cette ancienne commanderie des Hospitaliers de Saint-Jean-de-Jérusalem y ont cultivé la vigne. On dit que Jean-Baptiste Poquelin, reçu au château pour une représentation, y dégusta un vin qui portait le nom de « molière ». On dit aussi que Tartarin de Tarascon fut un citoyen de Montfrin dont Alphonse Daudet voulut se venger !

Comps est la plus méridionale des communes des Côtes du Rhône. Elle se trouve à quelques kilomètres de Beaucaire, territoire des Costières de Nîmes. Les vins de Comps étaient livrés aux papes d'Avignon par voie d'eau à partir du port. Il semble que les raisins étaient achetés sur pied et que la vendange et la vinification étaient réalisées par du personnel et du matériel payés par le pape !

Montfrin et Comps ont des terroirs typiques des Costières de Nîmes, mais l'histoire les a rattachés aux Côtes du Rhône.

La route se poursuit par Théziers puis Aramon, dont le nom rappelle ce cépage très productif planté dans le Languedoc pour faire « pisser » la vigne.

On arrive ensuite à Domazan, un petit bourg d'origine romaine. Doté d'un vieux donjon féodal, le château a plutôt l'apparence d'un… hôtel particulier ! Estézargues est une forteresse construire par Statrius en 145. L'église, encastrée dans le donjon féodal, offre un aspect très inhabituel. De même, Saze possède les restes d'un château et d'une forteresse, l'église ayant été détruite par les huguenots ! Enfin, on voit de loin Rochefort (*roca fortis*) et sa chapelle romane (le *castellas*) située sur la pointe d'un roc. Jusqu'en 1608, les habitants vivent de la pêche grâce à l'étang situé au nord du village avant qu'il ne soit asséché. Pillé pendant les guerres de Religion, dévasté par la peste, Rochefort demeure néanmoins un joli bourg avec ses ruelles pentues et ses placettes ombragées.

Les quatre communes de Domazan, Estézargues, Saze et Rochefort disposent d'un plateau commun : Signargues. Jugeant ce terroir de très haute qualité, l'Institut National des Appellations d'Origine a autorisé en 2005 qu'il figure à côté de la mention Côtes du Rhône Villages.

La ronde des fêtes des vins

On ne compte plus les fêtes des vins tant elles sont nombreuses en Vallée du Rhône. Chaque village ou presque a la sienne, avec sa tradition et son histoire. Celle de la Saint-Marc (25 avril) par exemple, à Châteauneuf-du-Pape, remonte à 1692, date de la création de la confrérie. En été, durant le premier week-end d'août, le village se transporte à l'époque médiévale pour fêter la véraison. Avec les costumes somptueux de la cour pontificale au XIVe siècle, les habitants défilent et retrouvent les coutumes du Moyen Âge. Ce jour-là, de la fontaine du village coule du… vin !

Chaque année, les caves ouvrent grand leurs portes pour la fête de la Vigne et du Vin qui a eu lieu le samedi suivant le jeudi de l'Ascension.

L'été est une période particulièrement riche en fêtes des vins : Cairanne, Visan, Valréas, Séguret, Saint-Maurice… La ronde n'en finit pas. Depuis son accession en appellation locale, au début des années quatre-vingt-dix, Vacqueyras fête les crus des Côtes du Rhône le 14 juillet et Rasteau organise, le 15 août, la Nuit du vin doux naturel. En octobre, le village de Chusclan organise des Vendanges de l'Histoire tandis que le troisième samedi de novembre, Tulette vit à l'heure du XIXe siècle, avec vieux métiers et produits du terroir, à commencer par le Côtes du Rhône primeur que l'on fête ce jour-là. Enfin, le dimanche avant Noël, il faut aller à Séguret admirer la crèche et les santons, une spécialité locale.

Une grande tradition de confréries bachiques

Comme les cordonniers, les tonneliers ou les tailleurs, les vignerons s'organisent, dès le XVe siècle, en confréries. À vocation plutôt religieuse avec un but charitable, les membres doivent assister aux processions, à la messe et faire l'aumône, tout en faisant preuve de confraternité professionnelle. Certaines comprennent uniquement des hommes, d'autres sont mixtes. Elles se multiplient au XVIIe siècle avant d'être interdites à la Révolution. Leur renaissance date des années cinquante, à commencer par celle de Cornas (chevaliers de la Syrah et de la Roussette), suivie de l'échansonnerie des Papes (Châteauneuf-du-Pape) en 1967 et la commanderie de Tavel l'année suivante.

La naissance de la commanderie des Côtes du Rhône, en 1973, puis de la Compagnie de la Côte du Rhône gardoise étend le mouvement à l'ensemble des Côtes du Rhône et aux autres appellations de la Vallée du Rhône. Celle des Coteaux du Tricastin par exemple, placée sous la protection de la marquise de Sévigné, tient un chapitre d'intronisation en été au Château de Grignan en costumes du XVIIe siècle.

Chaque confrérie dispose d'un habit et d'une organisation spécifique. Les intronisations se déroulent selon un rituel particulier à chacune.

Mais les confréries ne sont pas l'apanage du vin car la plupart des produits agricoles de la région disposent également de leur confrérie : fraise, melon, cerise, truffe, asperge… sans oublier le fruit confit et même l'ail !

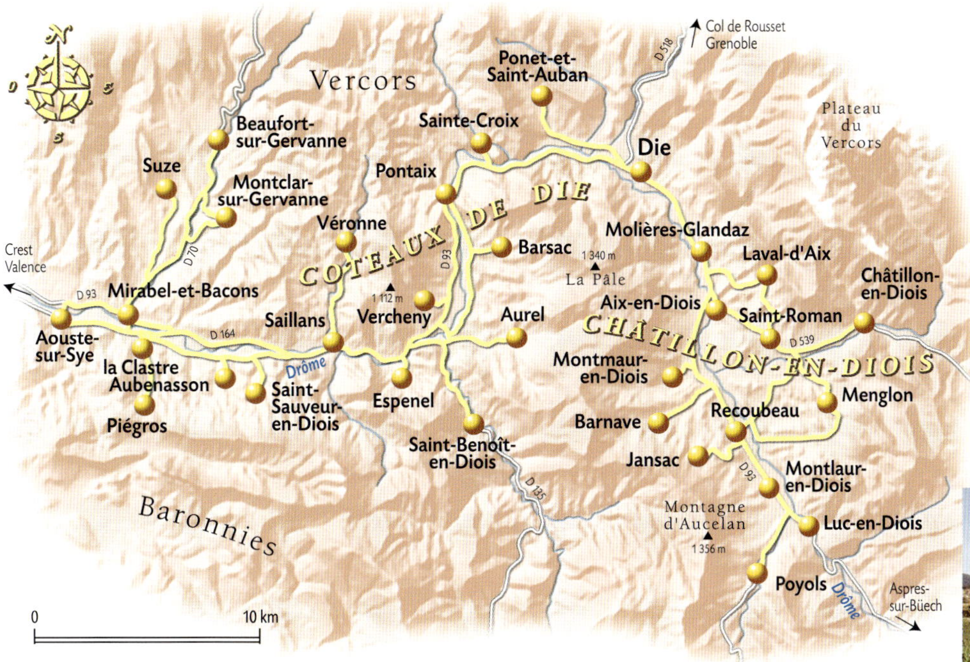

Les vignobles du Diois, au pied du Vercors.

Escapade dans le Diois

Au pied des hautes falaises du Vercors, à proximité des Alpes, mais non loin de la Vallée du Rhône, le Diois hésite entre Provence et Dauphiné. Son ensoleillement fait penser à la Provence, mais ses nuits fraîches et l'hiver rigoureux rappellent la montagne. Sur ses routes, Hannibal traversa les Alpes avec ses éléphants. Protégée du mistral par ses reliefs, cette région de collines prend doucement vers l'est des allures alpines. Riche en bois, en prairies et en vergers, on y trouve aussi de la lavande et, bien sûr, de la vigne sur près de 1500 ha.

Le Diois se situe au centre de la fosse voconcienne où se sont accumulés marnes et calcaires argileux durant l'ère secondaire. Fortement compactés par la sédimentation, bousculés lors de la surrection des Alpes, ils ont donné naissance à des « terres noires » caractéristiques, décrites comme des marnes schisteuses.

La Drôme a patiemment creusé les reliefs, donnant naissance à des terroirs d'éboulis calcaires, d'alluvions et de hautes terrasses fluviales.

Dès l'Antiquité, Pline l'Ancien vante ce vin doux des Voconces qui, chose rare à l'époque, peut être consommé pur, sans ajout de miel, de résine ni de baies. Il évoque un cépage sensible à l'humidité et à la pourriture dont la douceur attire les abeilles. Il s'agit probablement du Muscat à petits grains que les vignerons cultivent encore aujourd'hui.

À partir de ce Muscat (auquel on ajoute souvent un peu de Clairette, l'autre cépage blanc cultivé dans le Diois), on élabore la Clairette de Die, un vin pétillant, peu alcoolisé et doux, qui présente des arômes floraux et musqués, puissants et fins.

Page de gauche : La transhumance est une tradition bien vivante en Diois.

Hannibal traversa la région avec ses éléphants.

À partir de la Clairette, on élabore un vin effervescent, le Crémant de Die, et un vin blanc sec, le Coteaux de Die.

Il faut débuter cette escapade dans le Diois par une halte à Crest, un village aux rues étroites doté de nombreuses maisons de style Renaissance. Mais l'attraction demeure la tour de Crest, le plus haut donjon de France (52 m). À l'origine partie intégrante d'une vaste forteresse médiévale, elle est considérée comme l'un des plus beaux édifices de l'architecture médiévale. C'est sans doute pour cela qu'elle échappe à la destruction ordonnée par Louis XIII et sert de prison par la suite.

Saillans, où l'on peut visiter une fabrique de soie à l'ancienne (magnanerie), marque le début du vignoble du Diois, puis vient Vercheny, un centre touristique actif et Pontaix, un petit village niché au pied d'une falaise. Le hameau isolé de Barsac abrite également de nombreuses vignes. Les domaines viticoles se suivent le long de la route, invitant les visiteurs à une dégustation découverte. On peut aussi faire une halte au bord de la rivière où les canoës se pressent durant la saison estivale.

Le cœur du vignoble se trouve bien sûr à Die, au pied de l'imposante montagne de Glandasse qui forme la limite méridionale du massif du Vercors. Dans cette cité, il reste peu de vestiges historiques car la plupart des pierres ont été utilisées pour construire des murailles contre les barbares. Le centre ancien recèle néanmoins des trésors architecturaux couvrant toutes les périodes : rempart romain, cathédrale Notre-Dame, mosaïque romane des quatre fleuves (chapelle Saint Nicolas)…

À Die, siège la seule cave coopérative de l'appellation, Jaillance, dont on trouve facilement les vins dans les grandes surfaces. La cave propose un itinéraire de découverte de la Clairette très intéressant avec, à la clé, une dégustation dans le « bar à bulles ».

À l'extrême est, le vignoble de Châtillon-en-Diois est une curiosité. Il produit en effet des vins blancs, rosés et rouges, frais et aromatiques, à partir des cépages Gamay, Pinot et Syrah mais aussi Chardonnay et Aligoté. Village médiéval et botanique intégré dans le parc naturel régional du Vercors, Châtillon-en-Diois mérite une visite, avec ses nombreuses fontaines, son beffroi, la mairie classée et les animations estivales.

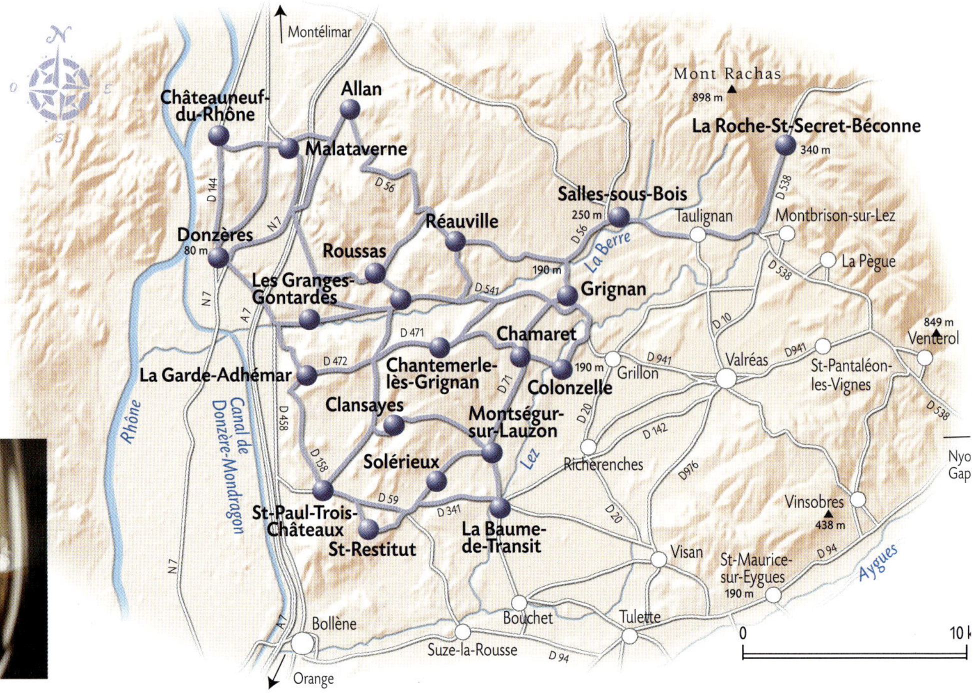

Balade gourmande dans les Coteaux du Tricastin

Les Coteaux du Tricastin portent le nom d'une très ancienne tribu gauloise, les Tricastini. La présence à Donzère de la plus importante « villa viticole » du monde romain (Ier siècle après Jésus-Christ) atteste de l'ancienneté et de la réputation du vignoble.

Région de transition entre le Nord et le Midi, zone limite de la culture du Grenache et de l'olivier, le Tricastin annonce la Provence, tant par son climat que par sa végétation. Disposant d'un bon ensoleillement, le vignoble subit aussi la sécheresse estivale et le mistral, mais les reliefs lui procurent un climat légèrement plus humide, notamment à l'est, en direction de la montagne de la Lance. Le terroir qui couvre 2600 ha est divisé en quatre zones : au nord, de gros galets roulés par le Rhône, au centre, des terres de grès sur une colline, au sud-est des terrains très caillouteux ou des graves et enfin à l'ouest, en bordure de la plaine du Rhône, un ensemble de terrasses formées de cailloutis calcaires.

Le Tricastin est un pays de cocagne car, outre la vigne, l'olivier et la lavande, c'est aussi le pays de la truffe noire, largement exploitée dans les recettes des restaurants de la région.

C'est également une belle région qui regorge de curiosités et de monuments.

Appellation d'origine contrôlée depuis 1973, les Coteaux du Tricastin produisent essentiellement des vins rouges fins et élégants à partir de Grenache et de Syrah qui trouvent là un terroir de prédilection. Les vins rosés sont légers et fruités, les blancs frais et aromatiques.

La balade débute par Saint-Paul-Trois-Châteaux, un village aux ruelles pittoresques, qui abrite la Maison de la truffe et du Tricastin dont la visite constitue une très bonne introduction au vignoble et ses richesses. Chaque année, le 2e dimanche de février, Saint-Paul célèbre la fête de la truffe.

Le Tricastin marque la transition entre le Nord et le Midi.

Le Château de Grignan a accueilli la marquise de Sévigné.

Direction Saint-Restitut ensuite, un vieux village perché dont le nom signifie « celui qui a recouvré la vue », faisant ainsi référence à un évêque aveugle de naissance qui y aurait retrouvé la vue (restitution). Canonisé et enseveli sous la tour carrée de l'église, c'est devenu par la suite un lieu de pèlerinage pour les aveugles.

Non loin de Saint-Restitut se trouvent d'anciennes carrières de pierre exploitées du XVIIIe au début du XXe siècle. Un peu pompeusement baptisées « caves cathédrales », elles se visitent en petit train, tout en faisant office de chai de vieillissement.

À quelques kilomètres, sur les hauteurs de Bollène, on peut visiter le village troglodyte du Barry, adossé à la falaise et habité depuis la préhistoire. Ce plateau constitue la frontière entre le Dauphiné et la Provence. La Baume de Transit se trouve au cœur du vignoble. C'est le pays de Diane de Poitiers, la favorite d'Henri II. La route du vignoble se poursuit par Montségur-sur-Lauzon où l'on peut admirer un « Grand mur gaulois » qui ne serait en fait que l'ancien mur d'enceinte. Clansaye est un joli village noyé de verdure qui offre une belle vue sur la vallée. Dominé par la tour des Templiers (ancienne prison), le secteur cache des fossiles ainsi que des outils et des flèches datant de l'âge de pierre. Après Chantemerle-lès-Grignan, exposé au nord sur une colline de safre, et Chamaret dont le beffroi perché sur un rocher offre une vaste vue sur le Tricastin, on arrive à Colonzelle. La chapelle Saint-Pierre, datant de l'époque carolingienne, possède des bas-reliefs sur lesquels on peut voir des motifs gallo-romains d'inspiration vinicole. Il faut se laisser bercer par la beauté des paysages où les champs de lavande succèdent aux champs de vigne, les rideaux de cyprès aux bosquets de chênes truffiers.

On arrive alors à Grignan, capitale des Coteaux du Tricastin, cher à la marquise de Sévigné pour avoir accueilli

Dans le secret des vieilles pierres…

sa fille après son mariage avec le comte de Grignan. Décédée en 1696 à l'âge de 70 ans, célèbre pour ses 30 ans de correspondance ininterrompue (1500 lettres) retraçant la vie à la cour du Roi Louis XIV, la marquise repose dans le village, à la collégiale Saint-Sauveur. Le château de Grignan est un château médiéval transformé au XVIe siècle dans le style Renaissance. Il dispose d'un remarquable mobilier de style Louis XIII et de tapisseries d'Aubusson. Chaque année en été, la confrérie des Vignerons du Tricastin évoque son passé en tenant un chapitre en tenue d'époque. Grignan accueille également, le week-end avant Noël, un grand marché de la truffe et du vin.

Après cette halte historique, on peut pousser jusqu'à La-Roche-Saint-Secret, un village sauvage situé sur les premiers reliefs des Alpes. Mais on peut aussi continuer vers Roussas, entouré de vignes et dominé par un château en partie habité. Tout près se trouve l'abbaye Notre-Dame-d'Aiguebelle, construite par les Cisterciens au XIIe siècle, confisquée à la Révolution et rachetée par les moines en 1815.

Après Valaurie, Les-Granges-Gontardes est un petit village de maisons en pierre qui abrite un musée de céramiques, lampes en terre cuite et autres bijoux ou pièces datant du début de l'ère chrétienne. Le village médiéval de La Garde Adhémar se dresse ensuite avec ses pittoresques maisons en calcaire, ses passages voûtés et ses ruelles tortueuses. Ce fut une importante place forte du Moyen Âge. On arrive alors à Donzère, autre village médiéval, dont le défilé constitue la porte de la Provence. C'est l'un des passages les plus dangereux du Rhône. Après Malataverne et son beau panorama sur la vallée, la balade se poursuit par Châteauneuf-du-Rhône et Allan avant de se terminer par la visite de Montélimar. Développé par les Romains sous le nom d'*accusium*, son nom dérive de *Montilium Adhémari* (Mont Adhémar). La cité prospéra après l'introduction de l'amandier dans la région au XVIe siècle en inventant le nougat, un mélange d'amandes, de sucre, de miel et de blanc d'œuf. Le cœur de la ville regorge de façades colorées autour d'une place de marché animée.

Promenade dans le Ventoux

Le mont Ventoux génère une multitude de microclimats. Selon l'exposition et l'altitude, tous les climats d'Europe sont représentés, du méditerranéen au plus nordique. De haut de ses 1912 m, le Géant de Provence est considéré comme la plus haute montagne isolée de France. C'est d'ailleurs l'une des « stars » du Tour de France depuis 1948. Régulièrement enneigé en hiver (on y trouve même une station de ski !), le sommet reste blanc en été car il est recouvert de nombreuses pierres de calcaire blanc éclatées par le gel.

Dans ce lieu préservé, classé « Réserve de biosphère » par l'Unesco pour la richesse de sa faune et de sa flore, les vignes des Côtes du Ventoux s'étalent sur les pentes de sédiments tertiaires en trois zones bien distinctes, sur plus de 7500 ha. Au nord, le bassin de Malaucène, ceinturé par le Ventoux à l'est, les Dentelles de Montmirail à l'ouest et les Baronnies au nord-est est le secteur le plus tardif, avec des sols sablo-gréseux. Au centre, le secteur de Carpentras, assez riche en alluvions mais aussi vers l'est, de sols plus anciens, se partage entre la vigne et les vergers (cerisiers notamment). C'est également un pays riche en chênes truffiers. Enfin, le troisième secteur, d'Apt à la Fontaine-de-Vaucluse, se rapproche des Côtes du Luberon, avec ses sables de couleur ocre. Sept communes se partagent d'ailleurs entre les deux appellations.

Bien qu'élaborés à partir des mêmes cépages que les autres appellations rhodaniennes, les vins des Côtes du Ventoux sont incontestablement marqués par l'influence du Ventoux.

Comme les Côtes du Rhône, les vins rouges peuvent se révéler souples et légers ou, au contraire, puissants et concentrés, mais avec souvent une touche de fraîcheur supplémentaire. On y trouve également des vins rosés fruités et floraux et quelques rares vins blancs.

La région mérite vraiment que l'on s'y arrête car bien des endroits sont restés authentiques.

Il faut commencer la promenade par Carpentras, capitale du comtat Venaissin de 1320 à 1791 et du célè-

Le mont Ventoux culmine à 1912 m.

bre berlingot. D'une tolérance légendaire à l'égard des Juifs, la ville s'enrichit grâce au commerce et à l'agriculture. La création d'un canal de dérivation de la Durance, au XIXe siècle, permet en effet une large irrigation des terres. De là sont nées l'industrie du fruit confit, de nombreuses conserveries, confiseries, ferblanteries, caisseries…

Le grand marché provençal du vendredi matin, institué en 1155, témoigne de la richesse de cette terre de cocagne. Le centre ancien ne manque pas d'attractions avec l'Hôtel Dieu, la cathédrale Saint-Siffrein, la porte d'Orange et la synagogue.

En direction du nord, après une halte à Loriol-du-Comtat et Aubignan, la route des Côtes du Ventoux rejoint celle des Côtes du Rhône : Beaumes-de-Venise, Vaison-la-Romaine, Puyméras… Elle se différencie réellement à Entrechaux, au confluent du Toulourenc et de l'Ouvèze. Là, un vieux château atteste du passé ancien de ce village perché qui possède encore un pont romain et une belle église romane. Malaucène fut la résidence d'été de Clément V : la vieille ville cache de nombreuses maisons anciennes, des lavoirs, des oratoires et dispose encore de remparts et de quelques portes fortifiées ainsi que d'un vieux beffroi coiffé d'un campanile en fer forgé. L'industrie papetière fut ici prospère car on fabriqua longtemps des manchettes pour les filtres à cigarettes. Après une halte à Beaumont-du-Ventoux et Saint-Hippolyte-le-Graveyron, on arrive à Caromb, avec son beau campanile en fer forgé. La renommée du vignoble remonte au XVe siècle : la commune dispose déjà de son pressoir et, au XVIIIe siècle, on exporte le vin. La cave Saint-Marc est l'une des plus anciennes caves coopératives de la Vallée du Rhône puisqu'elle date de 1928.

Il faut ensuite suivre la route de Saint-Pierre-de-Vassols et Crillon-le-Brave, modeste village perché, pour arriver à Bédoin. Connu pour ses camps de naturistes et la douceur de son climat en été, Bédoin possède une très longue tradition viticole qui remonte au Moyen Âge. Au début du siècle, le vin est exporté en Suisse, en Égypte et jusqu'en Amérique du Sud sous le nom de « vin

Les Côtes du Ventoux sont marqués par la fraîcheur du climat.

des Côtes du Ventoux » ou « vin des Côtes du Mont Ventoux », presque 80 ans avant la consécration de l'appellation d'origine. Comme à Caromb, la cave coopérative est l'une des pionnières de la région. De Bédoin, il faut se rendre au Barroux, un bourg perché pittoresque dominé par une forteresse. Le panorama sur la plaine du comtat est fabuleux.

Flassan et Villes-sur-Auzon sont de jolis villages aux façades ocrées où l'on cultive la vigne depuis toujours. À quelques kilomètres se trouvent les fraîches gorges de la Nesque ainsi que le beau pays de Sault et ses richesses (lavande, épeautre, agneaux, truffe, plantes aromatiques…).

Mormoiron fut le siège d'une importante industrie d'exploitation de l'argile (pour la pharmacie) et de carrières plâtrières et d'ocres. Ces activités ont disparu et la vigne reste la principale ressource aujourd'hui avec le tourisme. La cave Terra Ventoux est issue de la fusion, assez récente, de la cave de la Montagne rouge (Villes-sur-Auzon) et des Roches Blanches (Mormoiron). C'est l'une des plus dynamiques.

Il faut ensuite s'arrêter à Mazan, une ville fortifiée où le marquis de Sade possédait un château. La production de vin fait, depuis le XIVe siècle, la richesse de la région et Mazan constitue un des poumons de l'appellation Côtes du Ventoux. C'est là qu'a été créé le très ancien « vin Sautel » élaboré à partir de Grenache. On trouve aussi la trace d'un « grenache vieux de Mazan » livré au roi Louis-Philippe. La cave coopérative, fondée en 1928, a fait d'énormes efforts de qualité. La route se poursuit par Malemort-du-Comtat, capitale de la cerise, que l'on fête le dernier dimanche de juin. Autant dire qu'au début du printemps, le paysage des arbres en fleurs est féerique. Vient ensuite Saint-Didier, où l'on trouve un eco-musée des appeaux, ces petits instruments siffleurs typiques de la Provence et Venasque, classé parmi les plus beaux villages de France. Perché sur un éperon rocheux, inaccessible sur trois côtés et protégé par un rempart sur le quatrième, ce village aux rues calmes et sereines offre une vue spectaculaire sur le mont Ventoux et les Dentelles. Il faut ensuite se perdre sur les superbes sentiers de Murs et bien

Roues à aube et pendules sont typiques de la région.

L'abbaye de Sénanque, joyau cistercien.

sûr visiter l'abbaye de Sénanque, au fond de son vallon recouvert de lavande et de vignes. Toujours habitée par des moines vivant dans l'isolement et la pauvreté, cette abbaye cistercienne est un joyau de l'architecture romane. Il ne faut évidemment pas non plus manquer la visite de Gordes, cette cité de pierre aux ruelles enchevêtrées dont le château Renaissance domine le village. Aujourd'hui très prisé de la jet set parisienne et de nombreux étrangers, Gordes n'en demeure pas moins un très bel endroit où vivent encore quelques producteurs de Côtes du Ventoux. À quelques kilomètres, on trouve également le village des bories, ces maisons de pierres empilées construites sans mortier.

Plus au sud, la route des Côtes du Ventoux rejoint celle des Côtes du Luberon. C'est pourquoi nous allons directement à Cabrières-d'Avignon, petit village construit en pierres sèches sur un rocher. Au XVIe siècle, c'est l'un des refuges des Vaudois persécutés par les catholiques qui massacrent ici plus de 900 habitants. Non loin se trouvent les vestiges du mur de la Peste construit en 1721 pour protéger le comtat Venaissin de l'épidémie venant de Marseille. Fontaine-de-Vaucluse est un autre lieu incontournable des Côtes du Ventoux. Le poète Pétrarque venait s'y retirer souvent. La « vallée close » donna son nom au Vaucluse et constitue une curiosité géologique connue dans le monde entier. Profond de plus de 300 m, le gouffre est une résurgence, c'est-à-dire le débouché d'un fleuve souterrain. On y fabrique encore du papier, comme au XVe siècle, à l'aide des moulins à eau et selon la technique importée par les Italiens lorsque le pape était en Avignon.

Il faut ensuite se rendre à Saumane-de-Vaucluse, un village perché aux vieilles rues caladées, dominé par un château qui appartenait lui aussi au marquis de Sade.

Isle-sur-la-Sorgue est un enchantement. Surgie des marécages au XIIe siècle, la ville est construite sur pilotis parmi les bras de la Sorgue. Avec ses nombreuses roues à eau, elle prospéra grâce à la pêche et aux nombreuses fabriques de papier et de textile. C'est devenu aujourd'hui le paradis des chineurs car la renommée de ses brocanteurs est internationale.

Après Velleron, capitale de la fraise que l'on fête le 8 mai, la route se termine par Pernes-les-Fontaines, le village aux quarante fontaines et 22 monuments inscrits ou classés (donjon, hôtels particuliers, halle couverte…). Capitale du comtat durant le règne des comtes de Toulouse et au début de la papauté, elle est détrônée par Carpentras en 1320. Pernes possède un patrimoine architectural et historique très riche. Martin Luther séjourna quelque temps au monastères des Augustins. On y trouve le musée du costume comtadin (authentique magasin d'étoffes du XIXe), le musée des traditions comtadines et le musée de la vieille école.

Le vignoble des Côtes du Luberon est entièrement enclavé dans le Parc naturel.

Excursion au pays du Luberon

Le vignoble s'étend sur près de 4300 ha, sur les versants du massif du Luberon dont le point culminant est le Mourre Nègre à 1125 m. Il est entièrement enclavé dans le parc naturel régional du Luberon, créé en 1977 pour protéger et mettre en valeur le milieu naturel et le petit patrimoine rural (fontaines, constructions en pierre sèche…). Au nord, la vallée du Coulon marque la limite avec le vignoble des Côtes du Ventoux tandis qu'au sud, il est bordé par la Durance. Assez bien protégée du mistral, la vigne s'étend sur les pentes du massif, avec une grande variété d'exposition et d'altitude, créant comme dans le Ventoux une multitude de microclimats. Vers l'est, il s'étend jusqu'aux Coteaux de Pierrevert, dans les Alpes de Haute Provence dont le climat, plus frais, est propice à l'élaboration de vins blancs, fins et aromatiques. D'une façon générale, les rouges sont amples et fruités et les rosés légers et épicés. La vigne est présente dans le Luberon depuis l'époque romain, comme en témoignent les vestiges de nombreux *oppidum* gallo-romains ou celto-ligures. On a retrouvé à Cabrières d'Aigues un bas-relief romain (conservé au musée Calvet en Avignon, mais reproduit sur la façade de la cave coopérative) montrant des navigateurs halant une barque chargée d'amphores et de barriques. C'est la première représentation du commerce de vin dans la Durance. La plupart des villages datent du Moyen Âge, ils sont souvent perchés car la population se

À Bonnieux est née la première cave coopérative de la région.

Cavaillon est la capitale du melon.

Le pont Saint-Julien

regroupe à l'abri des remparts des châteaux, à la fois pour se protéger des pillards mais aussi des palus (marécages), ces étendues de terre inondées par la Durance. Pour repeupler cette région inhospitalière, on laisse s'installer les Vaudois (disciples de Valdès, marchand lyonnais prônant la pauvreté, déclarés hérétiques en 1214). La région reprend vie durant la Renaissance et les villages s'étendent dans la plaine. On cultive la vigne, l'olivier, quelques maigres céréales et des cultures maraîchères. Preuve d'une certaine recherche de qualité, une ordonnance des consuls de la Bastide des Jourdans datant de 1428 interdit de vendre du vin additionné d'eau !

Lorsque le Parlement de Provence relance les persécutions contre les Vaudois en 1540, ils se font massacrer par le baron Meynier d'Oppède.

C'est dans le Luberon, à Bonnieux en 1920 qu'est créée la première cave coopérative. Ironie de l'histoire, certains secteurs de l'appellation sont classés en Côtes du Rhône avant de faire les frais d'une restriction de l'aire dans les années quarante. Finalement, ils deviennent soit Côtes du Ventoux (1973), soit Côtes du Luberon (1988), ce qui explique l'imbrication de ces deux appellations.

La balade débute à Cavaillon, pays du melon et des cultures maraîchères, où la vigne a peu à peu pris le dessus. Après Robion, un village perché typiquement provençal traversé par l'antique voie domitienne, Maubec

Les vignes du château de Lacoste ayant appartenu au marquis de Sade.

possède de belles rues caladées, des remparts et un beffroi. Là se trouve un très ancien domaine, le Clos de l'Hôpital, dont les vignes appartiennent à l'hôpital Sainte-Marthe d'Avignon durant le XVIIe siècle.

Il faut ensuite se rendre à Oppède le Vieux, un village dominé par le château en ruine du terrible baron Meynier d'Oppède. Dynamique et florissant du Moyen Âge à la Renaissance, puis abandonné dans les années 1670, Oppède renaît aujourd'hui grâce aux artistes et hommes de lettres qui en sont tombés amoureux. Un sentier de balade (environ 1 h 30) dans les vignes a été aménagé à partir du château.

À quelques kilomètres, Ménerbes est un enchantement. Perché sur un éperon rocheux, doté d'une imposante citadelle, de vieilles demeures et d'une vue magnifique sur la vallée, ce village est classé parmi les plus beaux de France. Picasso, Albert Camus, Nicolas de Staël, François Nourissier et… Peter Mayle en ont apprécié la douceur. Ménerbes abrite la Maison de la truffe et du vin du Luberon dans un superbe hôtel particulier du XVIIe siècle. On peut y découvrir de nombreuses informations sur le vin, la truffe et le parc naturel du Luberon. Elle propose même des stages de formation à la dégustation et organise des séminaires et conférences à la demande.

Le Domaine de la Citadelle expose une collection de tire-bouchons exceptionnelle dont les plus anciens remontent au XVIIe siècle. En métal, en corne, en ivoire, en forme d'animal, voire même avec la tête du sénateur Volstead à l'origine de la prohibition aux États-Unis… ce sont de véritables œuvres d'art.

Des ruines du château de Lacoste où le marquis de Sade séjourna, le panorama sur le Ventoux, le Luberon, les Monts du Vaucluse et les villages perchés est exceptionnel. Le bourg offre de belles maisons en pierre de molasse, la pierre du pays, des portes fortifiées et d'authentiques rues caladées.

Le village de Roussillon.

De confession protestante, Lacoste avait pour rivale Bonnieux la catholique. Dominé par une église mi-romane, mi-gothique, doté de tours et de remparts datant de l'époque pontificale, ce village perché commande la combe de Lourmarin, seule voie permettant de traverser le massif du Luberon. En plus d'admirer le pont Julien (an III avant J.-C.), on peut se promener dans la forêt de Cèdres créée en 1861 à partir de graines récoltées dans le moyen Atlas. Une visite au Domaine de la Canorgue, où l'on a retrouvé des canalisations datant de l'époque romaine, est recommandée.

La route se poursuit par Goult, un village caché doté de nombreuses terrasses de pierres sèches qui descendent en amphithéâtre vers la route. Un « Conservatoire des terrasses » que l'on peut parcourir à pied permet de les découvrir de près. C'était le pays des oliviers et des amandiers avant que la vigne ne prenne le dessus. Un maître verrier recueilli au village durant le XVe siècle y confectionna une coupe portant le visage du Christ sur les bords internes et les traits de Marie-Madeleine au fond. Offerte au roi René, elle portait l'inscription : « Qui bien boira, Dieu verra. Qui boira tout d'une haleine, verra Dieu et la Magdelaine ».

Il faut ensuite faire une halte à Roussillon et ses carrières d'ocres. Surnommé « Delphes la rouge » par Jean Vilar, ce village multicolore est perché au cœur de ces gisements qui ont fait la richesse du pays. Exploités des années vingt aux années cinquante, exportés partout dans le monde, les ocres faisaient le bonheur des peintres qui disposaient ainsi, grâce aux nombreuses combinaisons d'oxydes allant du rouge sang au jaune safran, d'une palette infinie de couleurs. On peut aussi se rendre à Rustrel, le « Colorado Provençal » aux paysages et couleurs fascinants.

La route arrive en Apt, capitale du Luberon et ancienne cité romaine de la voie domitienne reliant l'Italie à l'Espagne. Doté d'un agréable centre ancien avec de nombreuses ruelles ombragées et une cathédrale parmi les plus anciennes de Provence, carrefour entre la Haute Provence et la Vallée du Rhône, Apt s'épanouit lors du grand marché du samedi matin, de réputation internationale. En plus d'être la capitale des fruits confits (la marquise de

Lourmarin et son château.

Sévigné a surnommé la ville « le chaudron de confiture ») et du vin, Apt est un centre agricole et artisanal prospère où l'on trouve de très belles faïences et la seule usine d'ocre encore en exploitation. On y trouve aussi la Maison du Parc régional du Luberon, lieu incontournable pour bien préparer son séjour.

En Apt (sur la route de Bonnieux), se trouve l'un des plus anciens domaines viticoles du Luberon, le Château de Mille. Sur ce site datant de l'époque romaine (peut-être un ancien poste de garde), un château fut construit au XIVe siècle à partir du roc. Dans le sous-sol, une citerne a été creusée à même le rocher, ainsi qu'un escalier taillé dans la masse. Réputé depuis le XIXe siècle, il est aujourd'hui exploité par la famille Pinatel.

D'Apt, on peut se rendre à Buoux, un site préhistorique doté d'un fort typique de l'architecture médiévale en Provence. Les belles falaises en font le paradis de l'escalade. Tout près, Sivergues est un minuscule village haut perché que l'on atteint en montant à même la roche. « C'est bougrement perché Sivergues, et perdu au diable » écrit Henri Bosco.

On peut aussi rejoindre le très beau site de Saignon et ses escaliers taillés dans la roche menant à un ancien *oppidum* celto-ligure. Du haut du rocher, la vue est exceptionnelle. Quant à Auribeau, c'est le point culminant du Luberon avec une vue panoramique sur les Alpes du Sud, la vallée de la Durance et la Méditerranée.

Pour poursuivre la route des Côtes du Luberon, on peut soit traverser le massif par la combe de Lourmarin, soit poursuivre par Céreste, un beau village et son prieuré de Carluc accroché à la falaise, pour rejoindre Manosque et Pierrevert. On élabore ici des Coteaux de Pierrevert dont les vins ont accédé, depuis peu, à l'appellation d'origine.

La grande tour mène alors à La Bastide des Jourdans, une ville située sur la voie Aix-en-Provence-Folcaquier, prospère autrefois grâce à l'élevage du vers à soie et aujourd'hui grâce à la culture de la vigne et de l'olivier.

On arrive à Grambois, un village de pierre perché à 370 m datant des Celtes. Une promenade faisant le tour du village permet de profiter d'un panorama unique sur le Luberon.

Après Vitrolles, Mirabeau offre ses beaux paysages qui ont servi de cadre au film de Claude Berri « Jean de Florette ». Le village connut la prospérité grâce au péage qu'il encaissait pour le passage des bergers et des troupeaux sur le fleuve.

Carrefour de la Durance et du Luberon, Pertuis fut de tout temps un lieu de commerce et de passage. Pertus signifie d'ailleurs « passage » en latin. Prospère grâce à l'industrie du textile et du verre, la ville dispose d'un centre ancien avec un donjon, une enceinte et sept tours carrées. Le Château Val Joanis est l'un des plus beaux domaines vinicoles avec de somptueux jardins paysagers du XVIIIe où l'on trouve à la fois des fruits et légumes, des fleurs et plantes médicinales et des arbres d'ornement.

On arrive ensuite à La-Tour-d'Aigues, pays de vignobles, de cerisiers et de cultures maraîchères. Le château

Des miels aux parfums de garrigue.

Un artisanat local très riche.

Renaissance, incendié durant la Révolution, offre une façade dont les fenêtres ouvrent sur le… vide. Ses ruines et ses caves restaurées abritent néanmoins des activités artistiques.

À La Motte d'Aigues, un village fortifié vaudois dévasté en 1545, on peut faire une halte à l'Étang de la Bonde, un plan d'eau de 30 ha encore utilisé aujourd'hui pour l'irrigation. Vient ensuite Cabrières-d'Aigues, célèbre pour son bas-relief romain et point de départ de la randonnée menant au Mourre Nègre. Il faut ensuite rejoindre Ansouis, un village perché classé parmi les plus beaux villages de France, doté d'un château du XIIe siècle, belle demeure d'agrément de la famille de Sabran, où la beauté des jardins rivalise avec la majestueuse cuisine aux cuivres étincelants. Autrefois renommé pour ses cerises, ses prunes, ses melons et ses navets, Ansouis cultive désormais la vigne. La visite du château Turcan, avec son exposition de plus de 1000 objets et outils de la vigne et du vin, permet d'en savoir un peu plus sur la viticulture, l'œnologie et la tonnellerie d'autrefois.

La route mène à Cucuron, un vieux village médiéval aux remparts classés dont les toits, vus de la terrasse du donjon Saint Michel, ont servi de décor au film « Le hussard sur le toit ». De la cave coopérative, des sentiers vignerons sont aménagés pour se balader dans les vignes. Une halte le samedi matin à Cadenet, carrefour commercial au Moyen Âge et patrie du jeune tambour du Pont d'Arcole distingué par Napoléon, permet de se rendre au très beau marché paysan. La ville vécut longtemps de la vannerie grâce à l'osier récolté sur la plaine de la Durance. Un peu plus loin, il ne faut pas manquer le Château de Lourmarin, une splendeur architecturale de la Renaissance qui accueilla François 1er, la reine mère Élisabeth d'Angleterre ou encore Winston Churchill. Il reçoit aujourd'hui des artistes en résidence et organise de nombreuses manifestations culturelles. Albert Camus et Henri Bosco sont enterrés dans le cimetière de Lourmarin.

La balade se termine par Puyvert, un vieux village avec des habitations troglodytes, et Lauris, perché sur un éperon rocheux. Autrefois prospère grâce aux cultures maraîchères et à l'artisanat, il est aujourd'hui réputé pour son huile d'olive, ses asperges et bien sûr son château médiéval reconstruit au XVIIIe.

On peut enfin rejoindre Cavaillon en passant par Puget, où se trouve le superbe Château de la Verrerie, un domaine viticole réputé et Mérindol, symbole de la diaspora vaudoise dispersée dans le monde. L'arrêt du parlement de Provence qui signa leur persécution porte en effet le nom du village.

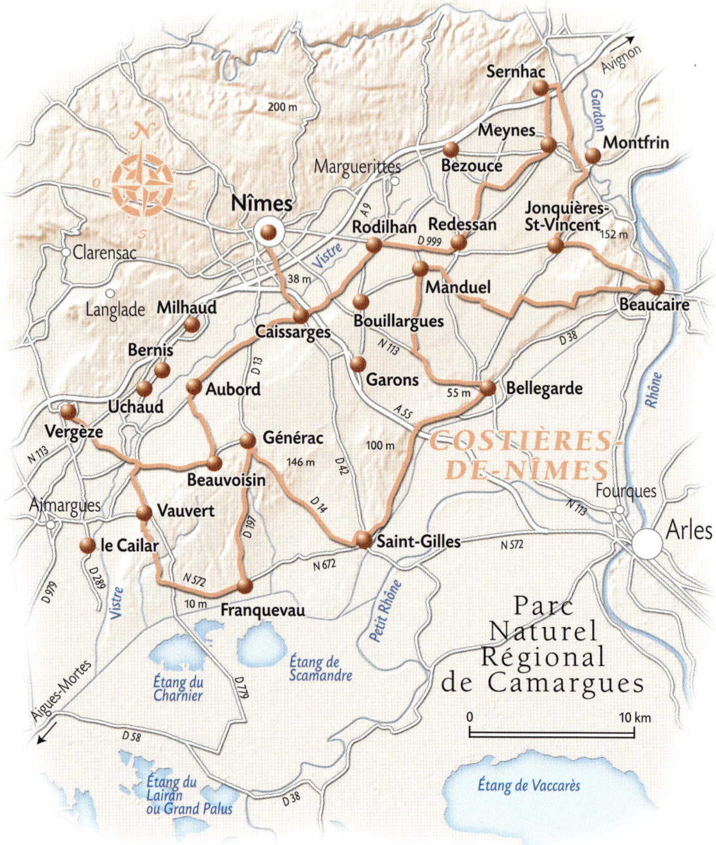

Circuit dans les Costières de Nîmes

Situé à l'extrême sud de la Vallée du Rhône, orienté nord-est - sud-ouest, le vignoble des Costières de Nîmes s'étend sur une bande de 10 km de large et 40 km de long entre les villes de Nîmes et Arles.

Constitué de plateaux et de coteaux, largement sous influence maritime, il domine la plaine basse du petit Rhône, aux portes de la Camargue et du Languedoc. Les sols sont essentiellement composés d'alluvions caillouteuses (gneiss) ayant pour origine le Rhône et la Durance. C'est la plus vaste étendue de dépôts fluviatiles caillouteux en France.

Depuis longtemps occupé par la vigne, le territoire des Costières s'est réduit au profit des cultures arboricoles favorisées par l'irrigation. Il couvre aujourd'hui 4600 ha. Les vins offrent une typicité très proche de celle des Côtes du Rhône, mais la part des rosés y est plus importante.

La balade débute par la ville de Nîmes, cité romaine par excellence. En souvenir de ses légionnaires venant d'Égypte, elle a pour emblème le crocodile. Traversée par la voie domitienne, elle offre de nombreux vestiges, à commencer par ses très belles arènes, haut lieu de la tauromachie française, la Maison Carrée, l'un des temples romains les mieux conservés de France, les jardins de la Fontaine, anciens thermes alimentés par la résurgence des eaux de pluie s'infiltrant dans les collines calcaires alentours…

Nîmes compte également un quartier médiéval typique avec de vieilles ruelles étroites très commerçantes.

Ville chrétienne, elle se convertit en partie à la religion réformée au XVIe siècle, générant ainsi de nombreux conflits entre Catholiques et Protestants. La serge nîmoise servit à fabriquer les voiles du bateau de Christophe Colomb et, colorée par le bleu de Gênes, permit à Lévy Strauss de lancer le célèbre « blue-jeans ».

Deux fois par an, depuis les années cinquante, la ville se transforme en immense *bodega* à ciel ouvert durant les *ferias* de Pentecôte et des Vendanges. Des corridas très prisées y sont organisées car Nîmes et sa région compte de nombreux aficionados.

La route se poursuit par Caissargues, ancienne métairie de l'ordre de Saint-Jean-de-Jérusalem et Vergèze où

Course de taureaux dans les rues d'un village gardois.

se trouve la célèbre source Perrier. On poursuit ensuite par Beauvoisin qui abrita autrefois une abbaye cistercienne, Franquevaux, aujourd'hui disparue. Le Cailar offre une très belle église romane à la façade remarquable. Vauvert se trouve dans la plaine de la Camargue. Autour de ce gros bourg agricole, la vigne côtoie le riz, les cultures maraîchères mais aussi les taureaux de Camargue. La coupe du roseau (sagne) permet d'édifier les toits de chaume et de tresser des paillassons pour protéger les cultures.

Ancienne possession des comtes de Toulouse, Générac abrite un château ayant appartenu à l'Ordre des Templiers. À quelques kilomètres, Saint-Gilles marque réellement la porte de la Camargue. Terre de marais et de roseaux, cité agricole productrice de vin et de fruits, elle fut probablement un ancien comptoir phénicien avant de devenir une colonie grecque de Marseille. Plus tard, elle constitua une étape importante sur la route de Saint-Jacques-de-Compostelle. Victime des guerres de religion, l'église offre encore une admirable façade et quelques vestiges du chœur et de la crypte.

C'est l'occasion de visiter la Camargue, classée parc naturel régional en 1927. La Haute Camargue, dans le nord du delta du Rhône, abrite de nombreuses cultures, à commencer par la vigne, le blé, les cultures fruitières et maraîchères, le maïs, le riz… La zone des Salins est constituée de bassins d'évaporation pour la production de sel. La zone naturelle se trouve dans le sud du delta, sur une plaine stérile mais riche en étangs, lagunes, sables et marécages, propices à une faune et une flore exceptionnelle. Les taureaux et les chevaux côtoient les loutres, castors et autres ragondins, sans parler des multiples espèces d'oiseaux qui font le bonheur des ornithologues.

La route se poursuit par Bellegarde, située sur la voie romaine reliant Nîmes à Arles. Siège de nombreux conflits durant les guerres de Religion, ce village offre quelques vestiges anciens.

Mais il faut se rendre en Arles, à quelques kilomètres de là, pour plonger dans le monde antique et roman. Disposant d'un patrimoine architectural unique au monde, Arles est colonisée par les Grecs dès le VIe siècle avant J.-C. Dès le Ve siècle, on y fabrique des tissus, de l'orfè-

Les traditionnels chevaux camarguais.

vrerie, des navires, des armes… La ville exporte du blé, de la charcuterie, de l'huile et bien sûr du vin. En partie détruite par les grandes invasions, elle retrouve une intense activité économique au XIIe siècle avant d'être détrônée, des siècles plus tard, par Aix-en-Provence, puis Marseille à cause du chemin de fer. Aujourd'hui, Arles reste le marché agricole de la Camargue, de la plaine de la Crau et des Alpilles. Elle dispose de nombreux bâtiments tels que le théâtre antique, les arènes, le palais Constantin (thermes), la place du Forum, l'église Saint-Trophisme avec son superbe portail sculpté, inscrite au patrimoine mondial de l'Unesco. Séduit par la lumière, le peintre Van Gogh s'y installe le 21 février 1888 avant de repartir en mai 1889 pour un asile près de Saint-Rémy. Un musée lui est consacré.

Non loin d'Arles, en direction de Fontvieille, se trouve l'abbaye de Montmajour, construite par des moines bénédictins qui assèchent les marais insalubres. Elle est ensuite reprise par des laïcs religieux, puis vendue comme bien national en 1791.

La route des Costières passe ensuite par Manduel et surtout Beaucaire, carrefour des voies commerciales terrestres et fluviales au Moyen Âge, célèbre dans toute l'Europe pour sa foire.

Durant un mois, en pleine apogée au XVIIIe siècle, elle accueille 300 000 visiteurs. Le prix négocié à la foire de Beaucaire devient une référence pour tout le royaume. Chaque rue est spécialisée : rue du Beaujolais, rue des bijoutiers, rue des Marseillais pour l'huile et le savon… On y trouve de tout, de la laine aux chevaux, en passant

Le vignoble est situé aux portes de la Camargue.

par le café, les jouets, les chapeaux… le tout animé par des saltimbanques et des animaux savants. De son port fluvial partent les productions vinicoles de la région.

Elles déclinent au XIXe siècle avec l'arrivée du chemin de fer et la révolution industrielle.

L'ancien château des comtes de Toulouse, datant du XIe siècle, est démantelé par Richelieu.

Beaucaire fait face à Tarascon et son superbe château du roi René, surplombant les eaux du Rhône. Si Tarascon a sa Tarasque, un monstre amphibie surgissant du Rhône pour dévorer les enfants et vaincu par sainte Marthe, Beaucaire dispose du Drac, un monstre émergeant aussi du fond des eaux pour dévorer ses proies. Les deux villes offrent de très beaux centres anciens, très animés, qu'il faut absolument visiter.

Sur la route de Bellegarde se trouve le mas gallo-romain des Tourelles, un domaine viticole reconstitué en cave romaine suivant les conseils d'historiens spécialisés. Non content d'avoir recréé un chai avec un fouloir, un pressoir monumental (*torcula*) et des *dolia* en guise de cuves, Hervé Durand élabore également des vins selon la recette de Columelle, à base d'herbes, d'épices et de miel.

Après Beaucaire, il faut se rendre à Jonquières-Saint-Vincent, situé sur l'ancienne voie Domitia, dont l'auberge est citée dans un conte d'Alphonse Daudet. Chaque année, le village célèbre en grandes pompes la Saint-Vincent (22 janvier), patron des vignerons, par une procession dans les vignes.

On arrive ensuite à Montfrin, aux portes des Côtes du Rhône, où Charles Martel triomphe des Arabes en 756. Vient ensuite Sernhas, puis Lédenon, station romaine sur la route entre Nîmes et les bords du Gardon. Bâti au sommet d'une butte, le château remonte à l'époque des croisades. Il dominait autrefois un étang depuis lors asséché.

Après Meynes, un village datant de l'époque carolingienne, et Redessan, doté de nombreux mas anciens, la route se termine par Rodilhan, siège d'un lycée viticole renommé. Dans tous ces villages, les guerres de Religion ont fait des ravages et l'histoire est tristement marquée par les exactions des deux camps.

Tradition et art de vivre font le charme de la Vallée du Rhône

CHAPITRE 4

Les richesses de la Vallée du Rhône

Le terroir rhodanien

est à l'origine d'une multitude

de productions locales

de grande qualité.

Les amandes du pays.

Il suffit d'arpenter les marchés de Provence pour apprécier toute la richesse et la diversité des productions locales. La liste des fruits issus du terroir et déclinés en plusieurs variétés est longue, de la fraise à la cerise, en passant par le melon, la pêche, la poire, l'abricot, la figue, la pastèque, mais aussi la myrtille (ou airelle), l'amande, la noisette… sans oublier bien sûr le raisin.

Quant aux légumes, si la tomate, la courgette et l'aubergine accommodées de toutes les façons possibles (ratatouille, beignets, gratin…) sont au cœur de l'alimentation méridionale, on trouve aussi du fenouil, de l'asperge, des poivrons, de l'oignon, de l'artichaut violet, des haricots (vert, coco, rouge), des épinards, du pois gourmand…On cultive même un blé gaulois, l'épeautre, servi en accompagnement.

La région jouit d'une charcuterie renommée, celle d'Ardèche, d'une viande d'agneau très appréciée servie grillée ou en daube, d'une large palette de volailles (gibier à plumes, pintadeau de la Drôme…) et même de sanglier. On peut citer, parmi les plats traditionnels, la caillette aux herbes (une préparation à base de foie et d'herbes cuites) et la daube des mariniers.

Pour relever les plats, le choix des aromates est large : thym (que l'on appelle farigoule), romarin, basilic, ail, sarriette, origan, sauge…

Les plantations d'oliviers témoignent de l'origine locale de l'huile d'olive. La plus renommée est celle de Nyons, classée en appellation d'origine contrôlée.

On peut aussi se régaler de brandade (*brandar* signifie remuer), spécialité nîmoise composée de morue filée avec de l'ail, de l'huile d'olive, du lait, du citron et du poivre blanc.

Plus rare, l'alose du Rhône cuite au four, servie sur un lit d'oseille, de blettes et d'oignons et recouverte de rondelles de citron, est un vrai régal.

Au chapitre des fromages, un choix infini : Picodon de la Drôme, Saint-Marcellin, Saint-Félicien, Rigotte de Condrieu… On peut les accompagner de la fougasse, une pâte à pain cuite à l'huile d'olive, servie nature ou fourrée aux grattelons (des lardons), aux olives…

La Vallée du Rhône dispose d'un mets d'exception, la truffe, que Brillat-Savarin appelait le « diamant noir » de la cuisine. Diabolisé au Moyen Âge et considéré comme l'aliment des pauvres, ce champignon appelé rabasse en provençal, au parfum puissant, se ramasse de novembre à mars dans la région du comtat Venaissin. Il fait l'objet d'un véritable culte.

Enfin, la région n'est pas en reste de douceurs : nougat de Montélimar élaboré avec les amandes de la région, berlingots de Carpentras, fruits confits d'Apt, papalines d'Avignon, pogne de Romans (une brioche), bugnes ou oreillettes (pâte à brioche frite)…

Chacun a son histoire et sa tradition. Ainsi, le procédé de conservation des fruits par confisage remonte au Moyen Âge : son principe était de remplacer l'eau par le sucre. Quant aux berlingots, ils ont été inventés par un pâtissier au XIXe qui fabriquait des fruits confits.

Fromages de Banons sur le marché.

Les grands principes de l'harmonie mets et vins

La Vallée du Rhône marque la transition entre la cuisine au beurre et à la crème du nord de Montélimar et la cuisine à l'huile, riche en aromates, typiquement méridionale.

La richesse culinaire de la région n'est sans doute pas étrangère à la diversité des vins rhodaniens, à moins que cela ne soit l'inverse !

L'harmonie des mets et des vins est infinie et de nombreuses combinaisons sont possibles.

Ainsi, les arômes de miel, d'abricot ou d'acacia des vins blancs d'Hermitage et Condrieu se marient parfaitement avec les mets raffinés à base de beurre et de crème, poissons, quenelles, gratins, viandes blanches… On peut aussi les déguster à l'apéritif et sur des fromages de chèvre.

Plus vifs, les Saint-Joseph, Crozes-Hermitage, Saint-Péray, mais aussi les Côtes du Rhône Villages et Côtes du Luberon blancs font le bonheur des poissons grillés, crustacés, bourride et autres fromages doux de chèvre ou de brebis.

À l'apéritif, on peut servir du Saint-Péray mousseux et du Crémant de Die, voire même une Clairette de Die ou un Muscat de Beaumes de Venise. Mais un vin blanc sec et tranquille très aromatique convient très bien comme le Châteauneuf-du-Pape ou le délicieux Côtes du Rhône Villages Laudun. Le Muscat s'apprécie également sur des fromages persillés et au dessert.

Pour les amateurs de rosé, les Côtes du Rhône Villages et Costières de Nîmes offrent un large choix pour accompagner les charcuteries, le saumon, les viandes blanches et grillées accompagnées de légumes provençaux. Quant au Tavel, il est particulièrement indiqué pour la cuisine exotique.

En rouge, les puissants et charpentés Côte Rôtie, Hermitage, Cornas, Châteauneuf-du-Pape, Gigondas aiment les viandes rouges rôties ou en sauce, les gibiers et les fromages forts.

Scènes et art de vivre typiquement provençaux.

Les rouges moins tanniques comme le Vacqueyras, le Lirac et la plupart des Côtes du Rhône Villages, Côtes du Ventoux, Côtes du Luberon… s'accordent avec l'agneau grillé, les charcuteries, les viandes blanches ou encore le fromage.

Enfin, pour accompagner les desserts au chocolat, rien de tel qu'un vin doux naturel Rasteau ou un Côtes du Rhône Villages rouge assez charpenté. Le très rare vin de paille d'Hermitage sera mis en valeur sur du foie gras ou un dessert à base de fruits confits.

Le choix du vin est important, mais il faut aussi prendre garde à le servir à bonne température sous peine de bloquer les arômes s'il est servi trop frais ou de le rendre pâteux s'il est trop chaud.

Les vins blancs secs et moelleux doivent être servis entre 8 et 12° C alors que la température des vins effervescents ne doit pas dépasser 8° C.

Un rosé est servi entre 10 et 12° C. Quant aux vins rouges jeunes, ils sont très agréables entre 13 et 15°, mais les millésimes plus anciens sont parfaits entre 15 et 18° C.

Des marchés colorés qu'il faut parcourir sans se presser.

Quelques recettes typiques

Un grand buffet provençal peut se composer de différentes spécialités que chacun dégustera selon son goût : cervelle des canuts, anchoïade, petits farcis ou toasts de quenelles à la brandade, tartare aux trois tomates, caviar d'aubergines, tatin de tomates au miel et romarin.

La lotte au fenouil et le lapin au thym font également partie des plats traditionnels. En dessert, on se régalera de pommes au four fourrées au nougat sur lit de pogne.

Et comme les Provençaux sont prévoyants, ils ont même inventé le remède pour se remettre de ces agapes : l'aïgo boulido.

Cervelle des canuts (pour 6 personnes)

400 g de faisselle
200 g de fromage de chèvre frais
20 cl de crème fraîche épaisse
1 c. à soupe de vinaigre de vin
1 c. à soupe d'huile d'olive
1 botte de ciboulette
1 botte de persil plat
1 à 2 gousses d'ail selon votre goût
1 à 2 échalotes selon votre goût
Sel et poivre

Égoutter la faisselle. La mettre dans un saladier et la battre en ajoutant le fromage de chèvre et la crème fraîche. Ajouter l'huile, le vinaigre, le sel et le poivre.

Ciseler finement l'ail, l'échalote, la ciboulette et le persil et les incorporer à la préparation.

Bien mélanger et laisser reposer 12 heures au réfrigérateur.

Mélanger à nouveau avant de servir.

Une tradition culinaire très raffinée.

Anchoïade (pour 6 personnes)

1 verre d'anchois au sel
2 gousses d'ail
4 à 5 pincées de thym
Huile d'olive, vinaigre et poivre
Pour accompagner :
Des petits croûtons de pain

Des légumes frais coupés en morceaux (carottes, poivrons, cébettes, tomates cerises, céleri branche, chouxfleur, concombre, radis, champignons de Paris...), des œufs durs.

Laver les anchois sous l'eau et les laisser tremper 10 min pour les faire dessaler.

Les mixer avec l'ail et le thym. Ajouter délicatement 1 cuillère à soupe de vinaigre et de l'huile d'olive pour obtenir une pommade fluide. Poivrer.

Ne pas ajouter de sel, les anchois en contiennent déjà.

Petits farcis frais à la brandade (pour 6 personnes)

200 g de brandade
1 concombre
1 échalote
1 citron
10 olives noires
1 bouquet de coriandre fraîche, poivre
Une vingtaine de grosses tomates cocktail

Couper les deux extrémités du concombre, les éplucher et les ciseler avec l'échalote, la coriandre et les olives noires. Mélanger le tout avec la brandade et le jus d'un citron. Poivrer.

Enlever la peau du concombre en bandes de manière à obtenir alternativement une bande verte et une bande blanche. Le couper en tronçons de 3 cm environ.

Avec la pointe d'un petit couteau pointu, évider les graines du centre de façon à laisser un fond à la cavité.

Laver et sécher les tomates. Couper le chapeau. À l'aide d'un couteau à pamplemousse et d'une petite cuillère, évider soigneusement les pépins.

Garnir les rondelles de concombre et les tomates du mélange.

Mettre au frais 30 min avant de servir.

La plupart des fruits et légumes proviennent des producteurs régionaux.

Toasts de quenelles à la brandade (pour 4 personnes)

200 g de brandade de morue
4 belles quenelles (environ 480 g au total)
1 échalote
Poivre du moulin

Couper les quenelles en rondelles. Les faire revenir des deux côtés dans une poêle anti-adhésive, sans matière grasse.

Ciseler finement l'échalote et l'incorporer à la brandade.

Recouvrir chaque tranche de quenelle de ce mélange et déposer dans un plat passant au four. Donner un tour de moulin à poivre avant d'enfourner.

Laisser dorer 5 min sous le grill.

Servir tiède.

Tartare aux trois tomates (pour 6 personnes)

4 belles tomates fraîches
100 g de tomates séchées
15 olives noires
Quelques feuilles de basilic
Huile d'olive, sel et poivre
Vinaigre balsamique

Faire bouillir de l'eau dans une casserole, la retirer du feu et y plonger les tomates durant 5 min. Les éplucher, enlever les pépins et les couper en dés.

Badigeonner le fond d'un grand plat qui va au four avec de l'huile d'olive. Y étaler la moitié de tomates.

Faire confire au four (th. 5) pendant 25 min. Laisser refroidir au sortir du four. Mettre le reste des tomates émondées dans un égouttoir ou une passoire et recouvrir d'un poids pour les presser. Laisser égoutter.

Ciseler les tomates séchées, les olives noires et le basilic.

Dans un saladier, mélanger les tomates fraîches pressées, les tomates confites, ainsi que les tomates séchées, les olives noires et le basilic.

Arroser d'une vinaigrette faite avec de l'huile d'olive et du vinaigre balsamique.

Mettre au frais deux heures.

Un truc : vous pouvez servir ce tartare dans des petits verres.

Invitation à la gourmandise.

Caviar d'aubergines (pour 8 personnes)

8 aubergines
2 gousses d'ail
150 g d'olives noires
Huile d'olive, sel et poivre.

Laver puis couper dans le sens de la longueur les aubergines. Les faire cuire au four à feu doux (140°C) pendant environ une heure, jusqu'à ce qu'elles soient molles.

Dénoyauter les olives et les mixer avec les gousses d'ail. Après avoir laissé refroidir les aubergines, enlever la chair avec une petite cuillère et l'ajouter au bol du mixer.

Hacher le tout bien finement, saler et poivrer.

Verser l'huile d'olive sans cesser de mixer jusqu'à l'obtention d'une pommade.

Servir avec des tartines de pain grillé.

Tatin de tomates au miel et romarin (pour 4 personnes)

10 belles tomates
Une pâte feuilletée toute prête
2 cuillères à soupe de miel liquide
2 à 3 branches de romarin
2 cuillères d'huile d'olive
Sel, poivre du moulin

Faire bouillir de l'eau dans une casserole, la retirer du feu et y plonger les tomates durant 5 min. Avec un petit couteau pointu, enlever le trognon des tomates, les éplucher, les couper en deux dans la largeur et vider les pépins. Les laisser s'égoutter 5 min.

Badigeonner le fond d'une lèchefrite avec de l'huile d'olive. Y déposer les tomates, la partie arrondie vers le haut. Badigeonner les tomates de miel. Effeuiller le romarin et le saupoudrer sur les tomates.

Laisser confire au four (thermostat 5) pendant 25 min. Vous pouvez ouvrir le four en cours de cuisson pour arroser les tomates avec le miel qui est au fond de la lèchefrite. Laisser refroidir les tomates 10 min. Enlever le romarin. Tasser les tomates dans un plat à tarte, la partie arrondie vers le fond du plat. Saler, poivrer.

Etaler la pâte feuilletée sur les tomates, la rentrer sur les bords.

Faire cuire (thermostat 6) pendant 20 à 25 min (le temps que la pâte soit cuite).

Démouler et servir tiède.

Un truc pour gagner du temps : on peut faire confire les tomates la veille et les placer au frais. Le lendemain, tasser les tomates dans le moule à tarte, recouvrir de pâte et cuire.

Les sardines grillées se marient bien avec les vins blancs des Costières.

Lotte au fenouil (pour 6 personnes)

1,2 kg de lotte coupée en tranches
1 kg de bulbes de fenouil
3 belles carottes
3 oignons
Huile d'olive, sel et poivre
1 verre de Côtes du Rhône blanc

Éplucher les légumes, couper les carottes en rondelles, les fenouils en lamelles, émincer les oignons.

Dans une cocotte, faire chauffer l'huile et faire revenir les tranches de lotte à feu vif. Les retirer et les déposer sur du papier absorbant.

Mettre les légumes dans la cocotte avec un verre d'eau chaude. Laisser cuire 15 min. Ajouter le vin blanc, le sel, le poivre en mélangeant. Disposer les tranches de lotte sur les légumes, couvrir et laisser cuire 25 min.

Lapin au thym en papillotes (pour 6 personnes)

10 beaux morceaux (râbles ou cuisses) de lapin
Moutarde de Dijon
Thym
Huile d'olive de Nyons
Sel, poivre, 2 échalotes
Un peu de Côtes du Rhône blanc
10 feuilles d'aluminium

Enduire de moutarde les morceaux de lapin, les saupoudrer de thym avant de saler et poivrer. Ciseler les échalotes et les étaler sur les feuilles d'aluminium, les mouiller avec le vin blanc avant de déposer les morceaux de lapin. Arroser d'un filet d'huile d'olive et fermer les papillotes.

Mettre au four (200°C) durant une heure.

Accompagner le lapin avec des pâtes fraîches ou des tomates à la provençale.

Les fruits confits sont une spécialité d'Apt.

Pommes au four fourrées au nougat sur lit de pogne (pour 4 personnes)

Quelques tranches de pogne d'un centimètre d'épaisseur (ou toute autre brioche)

Beurre

4 pommes Canada

80 g de nougat blanc de Montélimar

1 verre de Muscat de Beaumes de Venise

Beurrer le fond du plat et y verser le Muscat.

Beurrer largement les tranches de pogne et les disposer au fond du plat.

Évider le centre des pommes au couteau afin d'avoir un creux de 2,5 à 3 cm de diamètre environ, les éplucher sans les couper.

Poser les pommes sur la pogne.

Couper le nougat en lamelles et remplir les cavités des pommes en tassant. Terminer par une tranche de nougat posée sur la pomme.

Cuire 35 min th. 5/6, servir tiède.

Aïgo boulido (pour 6 personnes)

Pour les lendemains de fête :

2 litres d'eau

6 gousses d'ail

1 jaune d'œuf

4 feuilles de sauge

1 feuille de laurier

1 branche de thym

Huile d'olive

Gros sel, poivre

6 belles tranches de pain.

Dans une casserole, mettre les deux litres d'eau, les gousses d'ail épluchées et écrasées, la sauge, le laurier, le thym, le sel et le poivre .

Porter à ébullition et laisser cuire à petits bouillons pendant 15 min. Retirer les herbes et incorporer le jaune d'œuf en remuant.

Verser sur les tranches de pain arrosées d'un filet d'huile d'olive dans des assiettes creuses.

CLOS DES PAPES

Bonnes adresses dans les Côtes du Rhône

ROUTE SAFRAN

Domaines viticoles

Château de Montlys
Chemin de Montlys
69560 Saint-Cyr-sur-le-Rhône
Tél. 04 74 78 10 73

Domaine Bonnefond
Mornas
69420 Ampuis
Tél. 04 74 56 12 30

Domaine Barge
8 boulevard des Allées
69420 Ampuis
Tél. 04 74 56 13 90
www.domainebarge.com
(Chambre d'hôte)

Domaine Burgaud
Le Champin
69420 Ampuis
Tél. 04 74 56 11 86

Domaine Chambeyron
Boucharey
69420 Ampuis
Tél. 04 74 56 15 05

Domaine Clusel Roch
15 rue du Lacat Verenay
69420 Ampuis
Tél. 04 74 56 15 95

Domaine de Bonserine
2 chemin de la Viallière
69420 Ampuis
Tél. 04 75 56 14 27
www.domaine-de-bonserine.com

Domaine Jamet
Le Vallin
69420 Ampuis
Tel. 04 75 56 12 57

Domaine Jasmin
14 rue des Maraîchers
69420 Ampuis
Tél. 04 74 56 16 04

Vidal Fleury
19 route de la Roche
69420 Ampuis
Tél. 04 74 56 10 18

Domaine Duclaux
RN 86
69420 Tupin-et-Semons
Tél. 04 74 59 56 30
www.coterotie-duclaux.com

Domaine Georges Vernay
1 route Nationale
69420 Condrieu
Tél. 04 74 56 81 81
www.georges-vernay.fr

Domaine Robert Niero
20 rue Cuvillière
69420 Condrieu
Tél. 04 74 59 84 38

Domaine Villano
111, RN 86
69420 Condrieu
Tél. 04 74 59 87 64

Domaine Mouton Père et Fils
Le Rozay
69420 Condrieu
Tél. 04 74 87 82 36
(Table d'hôte sur commande)

Cave Chirat
Le Piaton
42410 Saint-Michel-sur-le Rhône
Tél. 04 74 56 68 92

André Perret
17, RN, Verlieu
42410 Chavanay
Tél. 04 74 87 24 74
www.andreperret.com

Yves Cuilleron
58, RN 86
Verlieu
42410 Chavanay
Tél. 04 74 87 02 37
www.cuilleron.com

Domaine Christophe Pichon
Le Grand Val
42410 Chavanay
Tél. 04 74 87 06 78

Domaine de Boisseyt-Chol
178, RN 86
42410 Chavanay
Tél. 04 74 87 23 45
www.deboisseyt-chol.com

Domaine du Monteillet
Le Montelier
42410 Chavanay
Tél. 04 74 87 24 57

Philippe Faury
La Ribaudy
42410 Chavanay
Tél. 04 74 87 26 00

Alain Paret
Rue du Milieu
42520 Saint-Pierre-de-Bœuf
Tél. 04 74 87 12 09

Pierre Gaillard
Lieu dit « Chez Favier »
42520 Malleval
Tél. 04 74 87 13 10

Domaine Dumazet
RN 86 Le Bourg
07340 Limony
Tél. 04 75 34 03 01

Domaine Chirol
Les Saillans
07340 Charnas
Tél. 04 75 34 06 73

Domaine Vallet
La Croisette RN 86
07340 Serrières
Tél. 04 75 34 04 64

Cave coopérative
Maison des vins
07340 Saint-Desirat
Tél. 04 75 34 22 05
www.cave-saint-desirat.com

Domaine du Mortier
Le Mortier
07340 Saint-Désirat
Tél. 04 75 34 23 05
(chambre d'hôte)

Cave coopérative
Le Village
07370 Sarras
Tél. 04 75 23 14 81
www.cavedesarras.fr

Vignoble Pascal Jamet
RN 86
07370 Arras-sur-Rhône
Tél. 04 75 07 09 61

Domaine de Gouye
Chemin de Gouye
07300 Saint-Jean-de-Muzols
Tél. 04 75 08 58 24

Bernard Faurie
45 allée des Dames
07300 Tournon-sur-Rhône
Tél. 04 75 08 55 09

Domaine Bernard Gripa
Le Chemin de Halage
07300 Mauves
Tél. 04 75 08 14 96

Pierre Coursodon
Place du Marché
07300 Mauves
Tél. 04 75 08 18 29

Pierre Gonon
34 avenue Ozier
07300 Mauves
Tél. 04 75 08 45 27

Domaine Courbis
Route de Saint Romain
07130 Châteaubourg
Tél. 04 75 81 81 60

Domaine Clape
146 route Nationale
07130 Cornas
Tél. 04 75 40 33 64

Domaine Alain Voge
4 impasse de l'Equerre
07130 Cornas
Tél. 04 75 40 32 04

Domaine Chaboud
21 rue F. Malet
07130 Saint-Peray
Tél. 04 75 40 31 63

Domaine de Fauterie
Caveau de Crussol
10 avenue Charles de Gaulle
07130 Saint-Peray
Tél. 04 75 80 04 25
(Meublés et restauration sur commande).

Cave Thiers Le Biguet
Quartier Biguet
07130 Toulaud
Tél. 04 75 40 49 44

Cave des vignerons
22 route de Larnage
26600 Tain-l'Hermitage
Tél. 04 75 08 91 86
www.cave-tain-hermitage.com

Domaine Gilles Robin
Les Chassis Sud RN 7
26600 Tain l'Hermitage
Tél. 04 75 08 43 28

Domaine du Colombier
2 route de Chantemerle
26600 Tain-l'Hermitage
Tél. 06 82 81 94 63.
(Chambre d'hôte)

Maison Chapoutier
18 avenue du Dr Paul Durand
26600 Tain-l'Hermitage
Tél. 04 75 08 92 61
www.chapoutier.com

Domaine Rousset
Route de Gervans
26600 Erôme
Tél. 04 75 03 30 38

Cave Fayolle
9 rue du Ruisseau
26600 Gervans
Tél. 04 75 03 33 74
www.cave-fayolle.com

Belle Père et Fils
Quartier les Marsuriaux
26600 Larnage
Tél. 04 75 08 24 58

Cave Desmeure
Route de Romans
26600 Mercurol
Tél. 04 75 07 44 28

Philippe Bourret
Place de la Mairie
26600 Crozes-Hermitage
Tél. 04 75 07 20 69

Domaine des Entrefaux
Quartier de la Beaume
26600 Chanos-Curson
Tél. 04 75 07 33 38

Domaine Pochon
Château de Curson
26600 Chanos-Curson
Tél. 04 75 07 34 60

Cave des Clairmonts
Vignes Vieilles
26600 Beaumont-Monteux
Tél. 04 75 84 61 91
www.cave-clairmonts.com

Domaine des 7 Chemins
26600 Pont-de-l'Isère
Tél. 04 75 84 75 55

Vineum Paul Jaboulet Ainé
Route des Beaumes
26300 Châteauneuf-sur-Isère
Tél. 04 75 47 35 55
www.jaboulet.com

Domaine Lombard
Quartier Piquet
26250 Livron-sur-Drôme
Tél. 04 75 61 64 90

Visites touristiques

Musée gallo romain
Route départementale 502 (rive droite du Rhône)
69560 Saint-Romain-en-Gal
Tél. 04 74 53 74 01
www.rhone.fr

Chemin de fer du Vivarais
Ligne Tournon Lamastre
07300 Tournon
Tél. 04 75 08 20 30

Le Palais idéal du Facteur Cheval
26390 Hauterives
Tél. 04 75 68 81 19
www.facteurcheval.com

Musée de paléontologie
4 quai Anatole France
07800 La-Voulte-sur-Rhône
Tél. 04 75 62 44 94

ROUTE AZUR

Domaines viticoles

Musée du Vin Cave Brotte Père Anselme
Route d'Avignon
84230 Châteauneuf-du-Pape
Tél. 04 90 83 70 07
www.brotte.com

Château Cabrières
Route d'Orange
84230 Châteauneuf-du-Pape
Tél. 04 90 83 70 26

Château La Gardine
Route de Roquemaure
84230 Châteauneuf-du-Pape
Tél. 04 90 83 73 20
www.gardine.com

Château de Vaudieu
Route de Courthézon
84230 Châteauneuf-du-Pape
Tél. 04 90 83 70 31

Château Fortia
Route de Sorgues
84230 Châteauneuf-du-Pape
Tél. 04 90 83 72 25
www.chateau-fortia.com

Château Mont Redon
RD 68
84230 Châteauneuf-du-Pape
Tél. 04 90 83 72 75
www.chateaumontredon.fr

Cuvée du Vatican
10 rue de Courthézon
84230 Châteauneuf-du-Pape
Tél. 04 90 83 70 51

Domaine Chante Cigale
Avenue Louis Pasteur
84230 Châteauneuf-du-Pape
Tél. 04 90 83 70 57

Domaine de Beaurenard
10 avenue Pierre de Luxembourg
84230 Châteauneuf-du-Pape
Tél. 04 90 83 71 79
www.beaurenard.fr

Domaine de la Solitude
Route de Bédarrides
84230 Châteauneuf-du-Pape
Tél. 04 90 83 71 45

Ogier Caves des Papes
10 avenue Louis Pasteur
84230 Châteauneuf-du-Pape
Tél. 04 90 39 32 32
www.ogier.fr

Château La Nerthe
Route de Sorgues
84230 Châteauneuf-du-Pape
Tél. 04 90 83 70 11
www.chateaulanerthe.fr

Domaine de Nalys
Route de Courthézon
84230 Châteauneuf-du-Pape
Tél. 04 90 83 72 52

Domaine Font de Michelle
14 impasse des Vignerons
84370 Bédarrides
Tél. 04 90 33 00 22
www.font-de-michelle.com

Bastide Saint Dominique
84350 Courthézon
Tél. 04 90 70 85 32
www.bastide-st-dominique.com
(chambre d'hôte)

Clos du Caillou
84350 Courthézon
Tél. 04 90 70 73 05

Domaine de la Janasse
27 chemin du Moulin
84350 Courthézon
Tél. 04 90 70 86 29
www.lajanasse.com

Domaine Berthet Rayne
2334 route de Caderousse
84350 Courthézon
Tél. 04 90 70 74 14
(Chambre d'hôte)

Le Cellier des Princes
Route d'Orange
84350 Courthézon
Tél. 04 90 70 21 44

Château de Beaucastel
La Ferrière, route de Jonquières
84100 Orange
Tél. 04 90 11 12 00
www.beaucastel.com

Château Maucoil
Chemin de Maucoil
84100 Orange
Tél. 04 90 34 14 86
www.chateau-maucoil.com

Château Gigognan
1180 Chemin de Castillon
84700 Vedène
Tél. 04 90 39 57 46
www.chateau-gigognan.fr

Domaine des Gendalis
84450 Saint-Saturnin-les-Avignon
Tél. 04 90 22 07 54
www.domaine-des-gendalis.com
(Chambre d'hôte)

Domaine du Bois de Saint Jean
126 avenue de la République
84450 Jonquerettes
Tél. 04 90 22 53 22

Les Coteaux d'Avignon
457 avenue Aristide Briand
84310 Morières-les-Avignon
Tél. 04 90 22 65 65

Domaine de la Chapelle
1478 avenue Voltaire Garcin
84470 Châteauneuf-de-Gadagne
Tél. 04 90 22 46 61

Domaines Louis Bernard
Chartreuse de Bonpas
84510 Caumont-sur-Durance
Tél. 04 90 23 09 59

ROUTE TURQUOISE

Domaines viticoles

Domaine de Cabasse
Route de Sablet
84110 Séguret
Tél. 04 90 46 91 12
www.domaine-de-cabasse.fr

Domaine de l'Amandine
Quartier Bel Air, route de Roaix
84110 Séguret
Tél. 04 90 46 12 39

Domaine du Mourchon
La Grande Montagne
84110 Séguret
Tél. 04 90 46 70 30
www.domainedemourchon.com

Cave Le Gravillas
84110 Sablet
Tél. 04 90 46 90 20
www.cave-le-gravillas.com

Domaine Chamfort
Quartier Grand Camassot
84110 Sablet
Tél. 04 90 46 94 75

Domaine de Piaugier
3 route de Gigondas
84110 Sablet
Tél. 04 90 46 96 49
(Chambre d'hôte)

Domaine de Verquière
3 rue Georges Bonnefoy
84110 Sablet
Tél. 04 90 46 90 11
www.domaine-de-verquiere.com

Caveau Gabriel Meffre
Domaine de Longue Toque
84190 Gigondas
Tél. 04 90 12 30 21
www.gabriel-meffre.com

Château Saint Cosme
84190 Gigondas
Tél. 04 90 65 80 80
Château du Trignon
84190 Gigondas
Tél. 04 90 46 90 27

Château Raspail
Route de Vaison
84190 Gigondas
Tél. 04 90 65 88 93
www.chateauraspail.com

Domaine La Bouïssière
Rue du Portail
84190 Gigondas

Tél. 04 90 65 87 91
Domaine de Pesquier
84190 Gigondas
Tél. 04 90 65 86 16

Domaine du Cayron
Le Village
84190 Gigondas
Tél. 04 90 65 87 46

Domaine Les Teyssonnières
84190 Gigondas
Tél. 04 90 12 31 31

Gigondas La Cave
Route de Sablet
84190 Gigondas
Tél. 04 90 65 86 27
www.cave-gigondas.fr

Cave des Vignerons de Vacqueyras
Route de Vaison la Romaine
84190 Vacqueyras
Tél. 04 90 65 84 54
www.vigneronsdecaractere.com

Château de Montmirail
Cours Stassart
84190 Vacqueyras
Tél. 04 90 65 86 72
www.château-de-montmirail.com

Domaine Le Couroulu
La Pousterle
84190 Vacqueyras
Tél. 04 90 65 84 83

Domaine de la Monardière
84190 Vacqueyras
Tél. 04 90 65 87 20

Domaine de La Fourmone
Route de Bollène
84190 Vacqueyras
Tél. 04 90 65 86 05
www.domaine-la-fourmone.com

Domaine le Clos des Cazaux
84190 Vacqueyras
Tél. 04 90 65 85 83

Domaine des Amouriers
Les Garrigues
84260 Sarrians
Tél. 04 90 65 83 22

Domaine Le Sang des Cailloux
Route de Vacqueyras
84260 Sarrians
Tél. 04 90 65 88 64

Cave des vignerons
Quartier Ravel
84190 Beaumes-de-Venise
Tél. 04 90 12 41 00
www.beaumes-de-venise.com

Domaine de Coyeux
Route de Lafare
84190 Beaumes-de-Venise
Tél. 04 90 12 42 42

Domaine Durban
84190 Beaumes-de-Venise
Tél. 04 90 62 94 26

Domaine de Fenouillet
Allée Saint-Roch
84190 Beaumes-de-Venise
Tél. 04 90 62 95 61

Domaine de Beaumalric
Quartier Saint Roch
84190 Beaumes-de-Venise
Tél. 04 90 65 01 77

Domaine de la Pigeade
Route de Caromb
84190 Beaumes-de-Venise
Tél. 04 90 62 90 00
www.lapigeade.com
(Chambre d'hôte)

Domaine des Bernardins
Cave Castaud
Quartier Saint Anne
84190 Beaumes-de-Venise
Tél. 04 90 62 94 13

Domaine Saint Amant
84190 Suzette
Tél. 04 90 62 99 25
www.saint-amant.com

Domaine de Cassan
84190 Lafare
Tél. 04 90 62 96 12
(Chambre d'hôte)

ROUTE INDIGO

Domaines viticoles

Domaine Charvin
Chemin de Maucoil
84100 Orange
Tél. 04 90 30 41 10

Domaine de la Vieille Julienne
Le Grès
84100 Orange
Tél. 04 90 34 20 10
www.vieillejulienne.com

Domaine Roger Perrin
Route de Châteauneuf-du-Pape
La Berthaude
84100 Orange
Tél. 04 90 34 25 64

Le Palais du Vin
RN 7 Sortie n°22 A7
84100 Orange
Tél. 04 90 11 50 00

Lycée viticole d'Orange
Château Mongin
2260 route du Grès
84100 Orange
Tél. 04 90 51 48 04

Domaine Bouche
Chemin d'Avignon
84850 Camaret-sur-Aigues
Tél. 06 62 09 27 19

Domaine de la Berthète
Route de Jonquières
84850 Camaret-sur-Aigues
Tél. 04 37 22 41

Domaine des Caboits
Avenue du Général de Gaulle
84850 Camaret-sur-Aigues
Tél. 04 90 37 35 13

Domaine du Vieux Chêne
Route de Vaison la Romaine, rue Buisseron
84850 Camaret-sur-Aigues
Tél. 04 90 37 25 07
www.bouche-duvieuxchene.com

Château de Malijay
Route de Violès
84150 Jonquières
Tél. 04 90 70 33 44
(Table d'hôte sur commande)

Domaine Martin de Grangeneuve
84150 Jonquières
Tél. 04 90 70 62 62
www.grangeneuve.com

Bastide Saint Vincent
Route de Vaison la Romaine
84150 Violès
Tél. 04 90 70 94 13

Château la Courançonne
Le Plan de Dieu
84150 Violès
Tél. 04 90 70 92 16
www.lacouranconne.com

Domaine des Favards
Route d'Orange
84150 Violès
Tél. 04 90 70 94 64

Domaine Martin
Route de Vaison
84850 Travaillan
Tél. 04 90 37 23 20
www.domaine-martin.com

Cave des vignerons
Quartier la Laune
84290 Cairanne
Tél. 04 90 30 82 05
www.cairanne.com
(Table d'hôte sur commande)

Domaine Alary
Route de Rasteau
La Font d'Estevenas
84290 Cairanne
Tél. 04 90 30 82 32

Domaine Berthet Rayne
Les Beauchières
84290 Cairanne
Tél. 04 90 30 88 15

Domaine Boisson
Le Grand Vallat
84290 Cairanne
Tél. 04 90 30 70 01

Domaine Brusset
Le Plan de Dieu
84290 Cairanne
Tél. 04 90 30 82 16
www.domainebrusset.fr

Domaine d'Aéria
Route de Rasteau
84290 Cairanne
Tél. 04 90 30 88 78
(Chambre d'hôte)

Domaine des Amadieu
Quartier Beauregard
84290 Cairanne
Tél. 04 90 66 17 41
www.achiary.com

Domaine Rabasse-Charavin-Couturier
Route de Rasteau
La Fontaine d'Estevenas
84290 Cairanne
Tél. 04 90 30 70 05

Cave des vignerons
Route des Princes d'Orange
84110 Rasteau
Tél. 04 90 10 90 10
www.rasteau.com

Domaine Bressy Masson
Route des Princes d'Orange
84110 Rasteau
Tél. 04 90 46 10 45

Domaine des Coteaux de Travers
84110 Rasteau
Tél. 04 90 46 13 69

Domaine Didier Charavin
Route de Vaison
84110 Rasteau
Tél. 04 90 46 15 63
(Chambre d'hôte)

Domaine des Escaravailles
Face à la Poste
84110 Roaix
Tél. 04 90 46 14 20

Cave La Romaine
Quartier Le Colombier
84110 Vaison-la-Romaine
Tél. 04 90 36 55 90
www.cave-la-romaine.com

Domaine du Gros Pata
Route de Villedieu
84110 Vaison-la-Romaine
Tél. 04 90 36 23 75
www.grospata.com

Domaine Saint Claude
Quartier Le Palis
84110 Vaison-la-Romaine
Tél. 04 90 36 23 68

Domaine du Faucon Doré
Route de Mérindol les Oliviers
84110 Faucon
Tél. 04 90 46 46 01

Cave La Comtadine
Route de Vaison
84110 Puyméras
Tél. 04 90 46 40 78

Cave La Vigneronne
84110 Villedieu
Tél. 04 90 28 92 37
www.lavigneronne.com

Domaine les Aussellons
Route de Mirabel aux Baronnies, D7
84110 Villedieu
Tél. 04 90 28 92 45

Domaine Roche Audran
Route de St Roman
84110 Buisson
Tél. 04 90 28 96 49

Domaine Fond Croze
Le Village
84290 Saint-Roman-de-Malegarde
Tél. 04 90 28 97 07
www.domaine-fondcroze.com

Caveau Chantecôtes
Cours Maurice Trintignant
84290 Sainte-Cécile-les-Vignes
Tél. 04 90 30 83 25
www.chantecotes.com

Château de Ruth
84290 Sainte-Cécile-les-Vignes
Tél. 04 90 30 80 02

Domaine de la Présidente
Route de Cairanne
84290 Sainte-Cécile-les-Vignes
Tél. 04 90 30 80 34
www.presidente.com

Domaine Moun Pantaï
84290 Sainte-Cécile-les-Vignes
Tél. 04 90 30 81 01

Château d'Hugues
Route de Sérignan
84110 Uchaux
Tél. 04 90 70 06 27

Château Saint Estève d'Uchaux
Route de Sérignan
84110 Uchaux
Tél. 04 90 40 62 38
www.chateau-saint-esteve-d-uchaux.com

Domaine Cros de la Mure
Derboux
84430 Mondragon
Tél. 04 90 30 12 40

Domaine de la Guicharde
Derboux
84430 Mondragon
Tél. 04 90 30 17 84
www.domaine-guicharde.com
(Chambre d'hôte).

Domaine de la Cabotte
Les Vinsacs
84430 Mondragon
Tél. 04 90 30 40 60 29

Château Beauchêne
Route de Beauchêne
84420 Piolenc
Tél. 04 90 51 75 87
www.chateaubeauchene.fr

Château Simian
D172
84420 Piolenc
Tél. 04 90 29 50 67
www.chateau-simian.com

Cave les Coteaux du Rhône
Route de Camaret
84830 Sérignan-du-Comtat
Tél. 04 90 70 04 22

Domaine de la Renjarde
Route d'Uchaux
84830 Sérignan-du-Comtat
Tél. 04 90 70 00 15

Château de la Croix Chabrières
Route de Saint Restitut
84500 Bollène
Tél. 04 90 40 00 89

Château du Grand Moulas
84550 Mornas
Tél. 04 90 37 00 13
www.grand-moulas.com

Visites touristiques

Le parcours sensoriel
Cave de Cairanne
Route de Bollène
84290 Cairanne
tél. 04 90 30 82 05
www.cairanne.com

Ecurie du Muzet
Balades à cheval et en carriole
Richard et Annie Sommer
84 290 Cairanne
Tél. 04 90 46 12 99

Musée du Vigneron
Route de Roaix
84110 Rasteau
Tél. 04 90 46 11 75

Musée de la Nationale 7
Château de Simian
84 420 Piolenc
Tél. 04 90 29 57 89

ROUTE MAUVE

Domaines viticoles

Cave des vignerons de Rochegude
26790 Rochegude
Tél. 04 75 04 81 84

Domaine Chapoton
Route du Moulin
26790 Rochegude
Tél. 04 75 98 22 46
www.domaine-chapoton.com

Château la Borie
Route de Suze à St-Paul-Trois-Châteaux
26790 Suze-la-Rousse
Tél. 04 75 04 81 92
www.château-la-borie.fr

Domaine du Petit Barbaras
RD994
26790 Bouchet
Tél. 04 75 04 80 02
www.domaine-petit-barbaras.com

Cave Costebelle (ex Costes Rousses)
2 avenue des Alpes
26790 Tulette
Tél. 04 75 97 23 18

Domaine les Asseyras
Route de Visan
26790 Tulette
Tél. 04 75 98 30 81

Domaine Viret
26110 St-Maurice-sur-Eygues
Tél. 04 75 27 62 77
www.domaine-viret.com

Cave de Rouanne
26110 Vinsobres
Tél. 04 90 46 90 07

Domaine de Deurre
RD94 entre St Maurice et Vinsobres
26110 Vinsobres
Tél. 04 75 27 62 66
www.domaine-de-deurre.com
(Chambre d'hôte)

Domaine du Coriançon
Hauterives
26110 Vinsobres
Tél. 04 75 26 03 24

Domaine du Moulin
26110 Vinsobres
Tél. 04 75 27 65 59

Domaine Jaume
24 rue Reynarde
26110 Vinsobres
Tél. 04 75 27 61 01
www.domaine-jaume.com

La Vinsobraise
La Reynarde
26110 Vinsobres
Tél. 04 75 27 01 20
www.la-vinsobraise.com

Domaine de la Taurelle
26110 Mirabel aux Baronnies
Tél. 04 75 27 12 32
(Meublés, table d'hôte sur commande)

Domaine de Combebelle
26110 Piégon
Tél. 04 75 27 18 96

Vignobles Charles Tyrand
Route de Nyons
26170 Mollans-sur-Ouvèze
Tél. 04 75 28 75 53
(Chambre d'hôte)

Coopérative du Nyonsais
Place Olivier de Serre
26110 Nyons
Tél. 04 75 26 95 00
www.coop-du-nyonsais.fr

Cave de Saint-Pantaléon-les-Vignes
Route de Nyons
26770 Saint-Pantaléon-les-Vignes
Tél. 04 75 27 00 88
www.cave-st-pantaleon.com

Domaine Gigondan
26770 Saint-Pantaléon-les-Vignes
Tél. 04 75 27 94 18
(Chambre d'hôte)
www.domaine-gigondan.com

Domaine de la Bouvaude
Route du lac
26770 Rousset-les-Vignes
Tél. 04 75 27 90 32
www.domaine-la-bouvaude.com

Les Caves de Montbrison
Quartier Chauvet
26770 Montbrison-sur-Lez
Tél. 04 75 53 56 51

Adresses touristiques

Université du Vin
Le Château
26790 Suze la Rousse
Tél. 04 75 97 21 34
www.universite.du.vin.com

Les Caves Cathédrales
Quartier le Belvédère
26130 Saint Restitut
Tél. 04 75 04 71 27
ou 04 75 04 95 87
www.la-drome-provencale.com/
ot-saintrestitut

Musée archéologique du Pègue
26 Le Pègue
Tél. 04 75 53 68 21
www.museearcheolepegue.com

Atelier Musée de la soie
Place du 11 Novembre
26770 Taulignan
Tél. 04 75 53 12 96
www.musee-soie.fr

Musée de l'Olivier
Allée des Tilleuls
26110 Nyons
Tél. 04 75 26 12 12

La Maison des plantes aromatiques
17 bd Michel Eysséric
26170 Buis les Baronnies
Tél. 04 75 28 04 59

ROUTE SÉPIA

Domaines viticoles

Cave Les Coteaux
84820 Visan
Tél. 04 90 28 50 80
www.coteaux-de-visan.fr

Domaine La Florane
84820 Visan
Tél. 04 90 41 90 72
www.domainelaflorane.com

Domaine La Fourmente
Route de Bouchet
84820 Visan
Tél. 04 90 41 91 87

Clos Petite Bellane
Route de Vinsobres, Chemin de Ste Croix
84600 Valréas
Tél. 04 90 35 22 64
www.clos-petite-bellane.com

Domaine de la Prévosse
Route de Montélimar
84600 Valréas
Tél. 04 90 35 67 13

Domaine des Grands Devers
Route de Saint Maurice, La Montagne
84600 Valréas
Tél. 04 90 35 15 98
www.grandsdevers.com
(Chambre d'hôte)

Domaine du Val des Rois
Route de Vinsobres
84600 Valréas
Tél. 04 90 35 04 35
www.valdesrois.com

Le Cellier des Templiers
Route de Baume
84600 Richerenches
Tél. 04 90 28 01 00

ROUTE CORAIL

Domaines viticoles

Domaine Coulange
Quartier Saint Ferréol
07700 Bourg-Saint-Andéol
Tél. 04 75 54 56 26

Domaine Notre Dame de Cousignac
Quartier Cousignac
07700 Bourg-Saint-Andéol
Tél. 04 75 54 61 41

Château Rochecolombe
07700 Bourg-Saint-Andéol
Tél. 04 75 54 50 47

Domaine de Couron
07700 Saint-Marcel-d'Ardèche
Tél. 04 75 98 72 67

Domaine du Roure
Rue Barry Ouest
07700 Saint-Marcel-d'Ardèche
Tél. 04 75 04 67 67

Mas de Libian
07700 Saint-Marcel-d'Ardèche
Tél. 04 75 04 66 22

Domaine de la Croix Blanche
07700 Saint-Martin-d'Ardèche
Tél. 04 75 04 65 07
www.domainedelacroixblanche.com

Domaine Nicolas Croze
Rue Max Ernst
07700 Saint-Martin-d'Ardèche
Tél. 04 75 04 62 27 (ou 67 11)
www.domaine-nicolas-croze.com

Domaine de la Favette
Route des Gorges
07700 Saint-Just-d'Ardèche
Tél. 04 75 04 61 14
(Chambre d'hôte)

Clos Delorme
Route du Stade
07700 Saint-Just-d'Ardèche
Tél. 04 75 98 78 34

Adresses touristiques

Exposition Grotte Chauvet
Rue du Miarou
07150 Vallon-Pont-D'Arc
Tél. 04 75 37 17 68

Les Grottes de Saint-Marcel-d'Ardèche
Route des Gorges
07700 St-Marcel-d'Ardèche
Tél. 04 75 04 38 07
www.guideweb.com/ardeche/grottes/st.marcel

Musée de la vie
Gorges de l'Ardèche
07700 Bidon
Tél. 04 75 04 08 79

ROUTE EMERAUDE

Domaines viticoles

Château Signac
Route d'Orsan
30200 Bagnols-sur-Cèze
Tél. 04 66 89 58 47

Domaine de l'Espéran
30130 Saint-Alexandre
Tél. 04 66 39 18 64

Château du Bresquet
30200 Saint-Nazaire
Tél. 04 66 89 66 28

Domaine de Laplagnol
Quartier Masconil
30130 Pont-Saint-Esprit
Tél. 04 66 39 12 50

Domaine de la Chartreuse de Valbonne
30130 Saint-Paulet-de-Caisson
Tél. 04 66 90 41 21
www.chartreusedevalbonne.com

Domaine La Charade
30760 Saint-Julien-de-Peyrolas
Tél. 04 66 82 18 21
www.la-charade.com

Domaine Tour Paradis
30760 Aiguèze
Tél. 04 66 82 18 80
www.tour-paradis.com

Domaine de la Catherinette
Le Village
30760 Laval-Saint-Roman
Tél. 04 66 82 17 62
www.vinsjouve.com

Château Saint Nabor
30630 Cornillon
Tél. 04 66 82 24 26

Les Vignerons de Saint Gely
30630 Cornillon
Tél. 04 66 82 21 03

Cave des vignerons
Rue des Vignerons
30200 Saint-Gervais
Tél. 04 66 82 75 67
www.cavesaintgervais.com

Domaine Sainte Anne
Les Cellettes
30200 Saint-Gervais
Tél. 04 66 82 77 41

Domaine de Bel Air
30200 La-Roque-sur-Cèze
Tél. 04 66 82 71 60

Domaine Chanoine Rambert
D143, route de Verfeuil à Donat
30330 Saint-André-d'Olérargues
Tél. 04 66 79 01 74

Cave des vignerons
30330 Saint-Marcel-de-Careiret
Tél. 04 66 79 04 54

Château de Bruthel
Colombier
30200 Sabran
Tél. 04 66 79 96 24

Domaine La Réméjeanne
Cadignac
30200 Sabran
Tél. 04 66 89 44 51

Domaine du Barry
30330 Tresques
Tél. 04 66 82 43 19

Cave coopérative
RN 86
30300 Connaux
Tél. 04 66 82 00 04

Domaine de Pont le Voy
30330 Saint-Paul-les-Fonts
Tél. 04 66 82 08 29

Château de Marjolet
Allée des Platanes
30330 Gaujac
Tél. 04 66 82 00 93
www.chateaumarjolet.com

Cave des vignerons
30290 Saint-Victor-la-Coste
Tél. 04 66 50 02 07

Domaine Pélaquié
7 rue du Vernet
30290 Saint-Victor-la-Coste
Tél. 04 66 50 06 04
www.domaine-pelaquie.com

Les Vignerons de Laudun
105 route de l'Ardoise
30290 Laudun
Tél. 04 66 90 55 20
www.laudun-vignerons.com

Cave des Quatre Chemins
RN 86
30290 Laudun
Tél. 04 66 82 00 22

Cave des vignerons
30200 Orsan
Tél. 04 66 90 10 05

Cave des vignerons
Route d'Orsan
30200 Chusclan
Tél. 04 66 90 11 03

Château Chevalier Brigand
RN 580 le Pont de Codolet
30200 Codolet
Tél. 04 66 90 18 64

Cave des vignerons
30200 Saint-Etienne-des-Sorts
Tél. 04 66 79 25 05

Domaine de Belle Feuille
Quartier Prignan
30200 Vénéjan
Tél. 04 66 79 27 33

ROUTE POURPRE

Domaines viticoles

Domaine Blayrac
40 bis rue de la République
30400 Villeneuve-les-Avignon
Tél. 04 90 25 66 68

Cellier des Chartreux
RN 580 Route de Bagnols
30131 Pujaut
Tél. 04 90 26 30 77

Domaine des Bouzons
Chemin de Pierrot
30150 Sauveterre
Tél. 04 66 82 52 43

Cellier Saint Valentin
1 rue des Vignerons
30150 Roquemaure
Tél. 04 66 82 82 01

Château Boucarut
Chemin du Coquillo, Tras le Puy
30150 Roquemaure
Tél. 04 66 82 88 92
(Chambre d'hôte)

Château de Bouchassy
Route de Nîmes
30150 Roquemaure
Tél. 04 66 82 82 49

Château de Montfaucon
22 rue du Château
30150 Montfaucon
Tél. 04 66 50 37 19

Château Correnson
Route de Roquemaure
30150 Saint-Geniès-de-Comolas
Tél. 04 66 50 05 28

Château Le Devoy Martine
30126 Saint-Laurent-des-Arbres
Tél. 04 66 50 01 23

Domaine Tour des Chênes
30126 Saint-Laurent-des-Arbres
Tél. 04 66 50 01 19

Caveau de l'appellation Lirac
Chemin des Chênes
30126 Lirac
Tél. 04 66 82 57 81
www.cavedesvinsdecrulirac.com

Cave des Vignerons de Tavel
Route de la Commanderie
30126 Tavel
Tél. 04 66 50 03 57

Château d'Aquéria
Route de Roquemaure
30126 Tavel
Tél. 04 66 50 04 56

Domaine du Joncier
Rue de la Combe
30126 Tavel
Tél. 04 66 50 27 70

Domaine de la Mordorée
Chemin des Oliviers
30126 Tavel
Tél. 04 66 50 00 75
www.domaine-mordoree.com

Domaine Maby
Rue Saint Vincent
30126 Tavel
Tél. 04 66 50 03 40

Cave des Vignerons
Avenue Paul Blisson
30210 Saint-Hilaire-d'Ozilhan
Tél. 04 66 37 16 47
www.cotes-du-rhone-wine.com

Domaine Rouge Garance
Chemin de Massacan
30210 Saint-Hilaire-d'Ozilhan
Tél. 04 66 37 06 92
www.rougegarance.fr

Domaine de Valsenière
Chemin des Bracoules
30210 Vers-Pont-du-Gard
Tél. 04 66 22 85 79

Domaine Le Clos du Bailly
17 rue d'Avignon
30210 Remoulins
Tél. 04 66 37 12 23
www.clos-du-bailly.com

Les Coteaux de Fournès
30210 Fournès
Tél. 04 66 37 02 36

Vignobles Boudinaud
43 grande rue
30210 Fournès
Tél. 04 66 37 27 23

Domaine Saint Etienne
26 faubourg du Pont
30490 Montfrin
Tél. 04 66 57 50 20

Château de Farel
Route de Jonquières
30300 Comps
Tél. 04 66 74 50 83
(Chambre d'hôte)

Domaine de la Valériane
Route d'Estézargues
30390 Domazan
Tél. 04 66 57 04 84

Domaine des Romarins
Route d'Estézargues
30390 Domazan
Tél. 04 66 57 43 80

Cave des Vignerons
Route des Grès
30390 Estézargues
Tél. 04 66 57 03 64

Domaine de la Charité
5 chemin des Issarts
30650 Saze
Tél. 04 90 31 73 55

Domaine Marie Blanche
RN 100
30650 Saze
Tél. 04 90 31 78 40

Les Vignerons du Castelas
Avenue de Signargues
30650 Rochefort-du-Gard
Tél. 04 90 31 72 39

Château Terre Forte
Chemin de la Rouvière
30650 Rochefort-du-Gard
Tél. 04 90 26 66 38

Bonnes adresses dans les appellations du Diois

Domaines viticoles

Domaine de la Mure
Route de Die
26340 Saillans
Tél. 04 75 21 55 99

Domaine Raspail
La Roche
26340 Aurel
Tél. 04 75 21 71 89

Carod Frères
26340 Vercheny
Tél. 04 75 21 73 77
www.caves-carod.com

Domaine Faure
RD 93
26340 Vercheny
Tél. 04 75 21 72 22

Domaine de Magord
26150 Barsac
Tél. 04 75 21 71 43

Domaine des Adrets
Route de Viopis
26150 Barsac
Tél. 04 75 21 72 14

Domaine le Colombier
26150 Pontaix
Tél. 04 75 21 22 88

Domaine Achard Vincent
Le Village
26150 Sainte-Croix
Tél. 04 75 21 20 73

Cave coopérative de Die Jaillance
Avenue de la Clairette
26150 Die
Tél. 04 75 22 30 00
www.jaillance.com

Cave Girard
Montée des Remparts
26150 Die
Tél. 04 75 22 16 60

Cave Didier Cornillon
26410 Saint-Roman-en-Diois
Tél. 04 75 21 81 79

Domaine de Maupas
26410 Châtillon-en-Diois
Tél. 04 75 21 18 81

Adresses touristiques

La Magnanerie de Saillans
26340 Saillans
Tél. 04 75 21 56 60

Bonnes adresses dans les Coteaux du Tricastin

Domaines viticoles

Château La Décelle
D59 route de Pierrelatte
26130 Saint-Paul-Trois-Châteaux
Tél. 04 75 04 71 33
www.chateauladecelle.com

Domaine Saint Guery
26790 Baume-de-Transit
Tél. 04 75 98 19 18

Domaine Saint Luc
26790 Baume-de-Transit
Tél. 04 75 98 11 51

Domaine de l'Espérouze
26230 Chantemerle-les-Grignan
Tél. 04 75 98 59 11

Domaine de Montine
La Grande Tuilière
26230 Grignan
Tél. 04 75 46 54 21

Domaine de Grangeneuve
26230 Roussas
Tél. 04 75 98 50 22

Domaine Rozel
26230 Valaurie
Tél. 04 75 09 57 23

Domaine du Vieux Micocoulier
Cave Vergobbi
26290 Les Granges-Gontardes
Tél. 04 75 04 02 72

Cave Aubert Frères
6 rue Haute Bourgade
26290 Donzère
Tél. 04 75 51 78 53

Domaine des Agates
Chemin de l'Etang
26780 Châteauneuf-du-Rhône
Tél. 04 75 90 80 03
www.domainedesagates.com

Adresses touristiques

Maison de la truffe et du Tricastin
Rue de la République
26130 Saint-Paul-Trois-Châteaux
Tél. 04 75 96 61 29

Château de Grignan
26230 Grignan
Tél. 04 75 91 83 50

La Ferme aux crocodiles
Les Blachettes
26700 Pierrelatte
Tél. 04 75 04 33 73
www.lafermeauxcrocodiles.com

Musée provençal des arts et traditions populaires
Place du Champ de Mars
26290 Donzère
Tél. 04 75 51 56 56

Château des Adhémar
24 rue du Chateau
26200 Montélimar
Tél. 04 75 00 62 30

Le Musée du nougat Arnaud Soubeyran
ZC Sud Quartier des Blaches
RN7
26200 Montélimar
Tél. 04 75 51 01 35
www.nougatsoubeyran.com

Bonnes adresses dans les Côtes du Ventoux

Domaines viticoles

Domaine de Marotte
Petit Chemin de Serres, Hameau de Serres
84200 Carpentras
Tél. 04 90 63 43 27
www.marottevins.com

Château Talaud
84870 Loriol-du-Comtat
Tél. 04 90 65 71 00
www.chateautalaud.com

Château de Saint Sauveur
Route de Caromb
84810 Aubignan
Tél. 04 90 62 60 39

Domaine de Champ Long
Ancienne route de Malaucène
84340 Entrechaux
Tél. 04 90 46 01 58

Cave de Beaumont Ventoux
Route de Carpentras
84340 Malaucène
Tél. 04 90 65 11 78
www.beaumont-ventoux.com

Domaine Morand
Chemin de la Barrianne
84330 Saint-Hippolyte-le-Graveyron
Tél. 04 90 62 51 20

Cave Saint Marc
Route de Carpentras
84330 Caromb
Tél. 04 90 62 40 24
www.cave-st-marc.com

Domaine Chaumard
Route d'Aubignan
84330 Caromb
Tél. 04 90 62 43 38

Château Valcombe
14 Chemin des Garrigues
84330 Saint-Pierre-de-Vassols
Tél. 04 90 83 73 87

Domaine Belle Vue
84410 Crillon le Brave
Tél. 04 90 62 42 29

Domaine Le Van
Route de Carpentras
84410 Bédoin
Tél. 04 90 12 82 56
www.domaine-le-van.com

Les Vignerons du Mont Ventoux
Route de Carpentras
84410 Bédoin
Tél. 04 90 12 88 00
www.bedoin.com

Domaine Champaga
Route de la Roque Alric
84330 Le Barroux
Tél. 04 90 62 43 09

Domaine de la Ferme Saint Pierre
84410 Flassan
Tél. 04 90 61 90 88

Domaine de Cascavel
Le Cours
84570 Villes sur Auzon
Tél. 04 90 61 72 18
www.voila.fr/cascavel

Cave Terra Ventoux
84570 Villes sur Auzon
Tél. 04 90 61 80 07
www.cave-terraventoux.com

Domaine Le Murmurium
Route de Flassan
84570 Mormoiron
Tél. 04 90 61 73 74

Château Pesquié
Route de Flassan
84570 Mormoiron
Tél. 04 90 61 94 08
www.chateaupesquie.com

Domaine des Anges
Route de Blauvac
84570 Mormoiron
Tél. 04 90 61 88 78

Cave Canteperdrix
Route de Caromb
84380 Mazan
Tél. 04 90 69 70 31
www.canteperdrix.coop

Château La Croix des Pins
Route de Caromb
84380 Mazan
Tél. 04 90 69 60 19

Domaine de Fondrèche
84380 Mazan
Tél. 04 90 69 61 42

Domaine Terre de Solence
Chemin de la Lègue
84380 Mazan
Tél. 04 90 60 55 31

Domaine Les Terrasses d'Eole
Chemin des Rossignols
84380 Mazan
Tél. 04 90 69 84 82
www.terrasses-eole.fr

Château Unang
Route de Méthamis
84570 Malemort-du-Comtat
Tél. 04 90 69 91 37

Cave coopérative La Courtoise
84210 Saint-Didier
Tél. 04 90 66 01 15

Domaine de la Tuilière
Route D 60
84220 Murs
Tél. 04 90 05 73 03

Domaine Pélisson
Les Marres
84220 Gordes
Tél. 04 90 72 23 91

Domaine de la Bastidonne
84220 Cabrières-d'Avignon
Tél. 04 90 76 70 00

Domaine de la Gasqui
Quartier Saint Antoine
84800 Isle-sur-la-Sorgue
Tél. 04 90 38 01 28

Domaine de Landra
2335 Chemin Traversier
84210 Pernes-les-Fontaines
Tél. 04 90 66 46 73

Bonnes adresses dans les Côtes du Luberon

Domaines viticoles

Domaine de la Royère
84580 Oppède
Tél. 04 90 76 87 76
www.royere.com

Domaine de la Citadelle
84560 Ménerbes
Tél. 04 90 72 41 58
www.domaine-citadelle.com

Cave des vignerons
Quartier de la Gare
84480 Bonnieux
Tél. 04 90 75 80 03
www.cave-bonnieux.com

Château La Canorgue
84480 Bonnieux
Tél. 04 90 75 81 01

Cave de Lumières
84220 Goult
Tél. 04 90 72 20 04
www.cavedelumiere.com

Domaine de la Verrière
Le Collet Rouge
84220 Goult
Tél. 04 90 72 20 88
http:///perso.wanadoo.fr/laver-riere

Domaine de Chantegrillet
Planes de Gourredon
84220 Roussillon
Tél. 04 90 05 74 83

Château Blanc, Domaine Chasson
Quartier Grimaud
84220 Roussillon
Tél. 04 90 05 64 56

Domaine de la Coquillade
Hameau de la Coquillade
84400 Gargas
Tél. 04 90 74 54 67
www.avignon-et-provence.com/coquillade

Domaine de Saint Pons
84400 Villars
Tél. 04 90 75 55 84

Cave Les Vins de Sylla
Route d'Avignon
84400 Apt
Tél. 04 90 74 05 39
www.sylla.fr

Domaine de Font Alba
Campagne du Puy
84400 Apt
Tél. 04 90 74 48 12

Domaine de Mayol
Route de Bonnieux D3
84400 Apt
Tél. 04 90 74 12 80

Château de l'Isolette
Route de Bonnieux
84400 Apt
Tél. 04 90 74 16 70

Château de Mille
Route de Bonnieux
84400 Apt
Tél. 04 90 74 11 94

Domaine de Régusse
04860 Pierrevert
Tél. 04 92 72 30 44

Cave coopérative
Route de Vitrolles
84240 Grambois
Tél. 04 90 77 92 04
www.cavegrambois.com

Château de Clapier
Route de Manosque
84120 Mirabeau
Tél. 04 90 77 01 03
www.château-de-clapier.com

Château Grand Callamand
Route de la Loubière
84120 Pertuis
Tél. 04 90 09 61 00

Château Val Joanis
84120 Pertuis
Tél. 04 90 79 20 77
www.val-joanis.com

Cellier de Marrenon
Quartier Notre Dame
84240 La Tour-d'Aigues
Tél. 04 90 07 40 65

Domaine des Vaudois
Quartier du Temple
84240 Cabrières-d'Aigues
Tél. 04 90 60 87

Château Saint Estève de Néri
84240 Ansouis
Tél. 04 90 09 90 16
www.stestevedeneri.com

Cave des vignerons
Quartier Châteauvieux
84160 Cucuron
Tél. 04 90 77 21 02

Domaine Les Vadons
84160 Cucuron
Tél. 04 90 77 27 68

Cave de Lourmarin Cadenet
Quartier Meillère
84160 Cadenet
tél. 04 90 68 02 18

Château Constantin Chevalier
84160 Lourmarin
Tél. 04 90 68 38 99

Château Saint Pierre de Mejans
84160 Puyvert
Tél. 04 90 08 40 51

Domaine de Fontenille
Route de Roque Fraîche
84360 Lauris
Tél. 04 90 08 23 36
www.domaine-fontenille.com

Château la Verrerie
84360 Puget
Tél. 04 90 08 32 98

Adresses touristiques

Musée de la truffe et du vin
Place de l'Horloge
84560 Ménerbes
Tél. 04 90 72 52 10
www.vin-truffe-luberon.com

Musée du Tire-bouchon
Domaine de la Citadelle
84560 Ménerbes
Tél. 04 90 72 41 58

Maison du Parc naturel régional du Luberon
60 place Jean Jaurès, BP122
84404 Apt
Tél. 04 90 04 42 00
www.parcluberon.com

Bonnes adresses dans les Costières de Nîmes

Domaines viticoles

Château de La Tuilerie
Route de Saint Gilles
30900 Nîmes
Tél. 04 66 70 07 52
www.chateautuilerie.com

Château de Nages
Chemin des Canaux, D135
30132 Caissargues
Tél. 04 66 38 44 20

Château de Belle Coste
D135
30132 Caissargues
Tél. 04 66 20 26 48

Mas Marignane
Chemin des Canaux
30540 Milhaud
Tél. 04 66 74 20 93

Les Domaines Margarot et Fils
Rue de la Cave, place du temple et route de Vauvert
30620 Aubord
Tél. 04 66 71 12 48

Domaine de la Cadenette
Chemin des Canaux
30600 Vestric-et-Candiac
Tél. 04 66 88 21 76
www.cadenette.com

Les Vignerons de la Voie d'Héraclès
283 av. Emile Jamais
30310 Vergèze
Tél. 04 66 35 09 15

Domaine du Père Guillot
Route du Pont des Tourradons
30740 Le Cailar
Tél. 04 66 88 69 60

Château Mas Neuf des Costières
30600 Gallician
Tél. 04 66 73 33 23
www.chateaumasneuf.com

Château Beaubois
30640 Franquevaux
Tél. 04 66 73 30 59
www.chateau-beaubois.com

Domaine de Bel Air
Route de Franquevaux
30640 Beauvoisin
Tél. 04 66 73 30 22

Château de Valcombe
30510 Générac
Tél. 04 66 01 32 20

Château l'Ermitage
Route de Nîmes
30800 Saint-Gilles
Tél. 04 66 87 04 49
www.château-ermitage.com

Domaine de Beauchêne
Route de Nîmes
30800 Saint-Gilles
Tél. 04 66 87 26 86

Château Saint Louis La Perdrix
Route de Redessan
30127 Bellegarde
Tél. 04 66 01 13 58
www.château-saint-louis.com

Mas Carlot Château Paul Blanc
Route de Redessan, D3
30127 Bellegarde
Tél. 04 66 01 11 83

Château de Rozier
30129 Manduel
Tél. 04 66 01 11 87

Château de Campuget
30129 Manduel
Tél. 04 66 20 20 15
www.campuget.com

Mas des Bressades
D3 route de Bellegarde
30129 Manduel
Tél. 04 66 01 66 00

Cellier des Vestiges Romains
30230 Bouillargues
Tél. 04 66 20 14 79
www.celliervestigesromains.com

Château Mourgues du Grès
Route de Bellegarde
30300 Beaucaire
Tél. 04 66 59 46 10
www.mourguesdugres.com

Mas gallo-romain des Tourelles
4294 route de Bellegarde - Saint Gilles
30300 Beaucaire
Tél. 04 66 59 19 72
www.tourelles.com

Les Vignerons de Jonquières Saint Vincent
20 rue de Nîmes
30300 Jonquières-Saint-Vincent
Tél. 04 66 74 50 07
www.cavejonquieres.com

Cave des Vignerons de Montfrin
Route de la Gare
30490 Montfrin
Tél. 04 66 57 53 63

Domaine du Mas de Couvin
Route de Redessan
30840 Meynes
Tél. 04 66 57 51 52

Domaine de la Patience
Chemin de Marguerittes
30320 Bezouce
Tél. 04 66 75 95 94

Domaine du Vieux Relais
30129 Redessan
Tél. 04 66 20 07 69

Domaine de Donadille
Lycée agricole
30230 Rodilhan
Tél. 04 66 20 67 69

ADRESSES UTILES

Maison des vins
6 rue des Trois Faucons
84024 Avignon Cedex 1
Tél. 04 90 27 24 00

Comité départemental du tourisme
12 rue Collège de la Croix
BP 147
84008 Avignon
Tél. 04 90 80 47 00

Comité départemental du tourisme
2 rue Sainte Ursule
30900 Nîmes
Tél. 04 66 36 96 30

Comité départemental du tourisme
8 rue Baudin
26000 Valence
Tél. 0475 82 19 26

Comité départemental du tourisme
4 cours Palais
07000 Privas
Tél. 04 75 64 04 66

Espace Costières
19 place Aristide Briand
30900 Nîmes
Tél. 04 66 36 96 20

Sites Internet
www.vins-rhone.com
www.vins-ventoux.com
www.espace-costieres.com
www.coteaux-tricastin.com

REMERCIEMENTS

Merci à Bruno Boidron pour sa confiance, Élisabeth Roger pour son enthousiasme et sa bonne humeur ainsi qu'à toute l'équipe des Éditions Féret. Merci à Christophe et mes deux Avignonnaises adorées pour leur patience face aux longues heures passées devant l'ordinateur. Merci à mon amie Catherine Verlant pour ses recettes inédites et originales. Merci enfin à tous les vignerons, négociants et professionnels du vin en Vallée du Rhône de perpétuer et partager cette belle tradition vinicole rhodanienne.

BIBLIOGRAPHIE

Bailly (R.), *Histoire du vin en Vaucluse*
Bailly (R.), *Histoire de la vigne et des grands vins des Côtes du Rhône*
Dubled (H.), *Histoire du comtat Venaissin*
Baral (R.) et Troadec (Y.), *Vignes et vins en Provence*
Fanet (J.), *Les terroirs du vin*
France (B.), *Grand atlas des vignobles de France*
Garrier (G.), *Le phylloxera*
Charnay (P.), *Vignobles et vins des Côtes du Rhône*
Mondon (B.) et Lipp (S.), *Petite anthologie du mistral*

CRÉDITS PHOTOGRAPHIQUES

Serge Alvarez © Inter-Rhône : pages 5, 7 (droite), 16, 19, 25, 26, 27, 30, 39, 41, 42 (photo du mont Ventoux), 45, 46, 47(tissus), 48, 54, 64 (petite photo), 71, 72, 75 (cerisiers), 82 (citrouille), 100, 101, 102, 103, 104, 105, 107, 109, 117, 119, 120 (moutons), 121, 124 (ruches), 128, 135, 136, 137, 138, 139, 140, 142.

Marc Barthélémy © Inter-Rhône : pages 6, 7 (vignes), 13, 15, 21, 22, 34 (Muscat), 36 (cave), 47 (paysages), 50, 62, 64 (Notre Dame d'Aubune), 66, 69, 75 (Suze-la-Rousse), 76, 77, 79, 80, 81, 82, 83, 86 (Ch. de Gicon), 87, 88, 92 (santons), 117 (photo pique-nique), 120 (cuisine), 125, 131

Rémy Cantin : pages 2, 3, 4, 9, 17, 18, 28, 31, 43, 49, 60, 67, 90, 92 (confrérie), 106, 108, 111, 112, 114, 116, 122, 123, 125 (sardines), 126 (confiture), 127.

© Château Fortia : p. 11

Isabelle Desarzens © Inter-Rhône : pages 19 (cépage), 23, 24, 32, 35, 36, 37, 38, 52, 63, 63, 64 (dentelles), 70, 84, 86 (Chusclan), 91, 117 (photo cépage), 134.

© Inter-Rhône : pages 8, 10, 20, 29, 45, 93, 95, 96, 97, 98, 110, 113, 115, 118, 120 (verres), 124, 126, 128, 133, 141, 143

Alain Gas © Inter-Rhône : pages 52, 53, 55, 56, 57, 61, 65, 68, 74, 78, 89.

Philippe Médard © Inter-Rhône : pages 14, 32 (Mourvèdre et Carignan), 33 (Cinsault), 34 (Clairette), 58.

François Millo : pages 21 (petite photo), 85.

Éric Minodier : pages 44, 94.

Dans la même collection :
Vins de Tokaj, Mathilde Hulot et Patrick Cronenberger
Vins de Provence, François Millo
Les Quatre saisons de la vigne, Jacqueline Grange et Alain Gariteai
Alchimie des saisons, le vin, Bruno Boidron et Alain Gariteai

Directeur de publication : Bruno Boidron
Éditions Féret
www.feret.com
feret@feret.com

Maquette : Walid Salem (Perfecto)
d'après une conception graphique d'Ambodexter, Bordeaux

Suivi de fabrication :
Perfecto, Bordeaux (www.perfecto.fr)

Achevé d'imprimer
sur les presses de l'imprimerie
Grapho 12, France
le 31 mai 2005

Dépôt légal : juin 2005

ISBN : 2-902416-98-9